AI活用によるデジタル人事の教科書

──これからの社員採用・育成・開発

A Guide to Digital Innovation in Human Resources with AI.

永田稔
村上朋也

SOGO HOREI PUBLISHING CO., LTD

はじめに

現在、人事の分野では大きな変化が起こりつつあります。

第一の変化は、人事分野にテクノロジーやサイエンスが新たな影響を与えはじめているということです。従来、人事の分野は人的資源管理論と心理学、組織行動論で大半が構成されていたと考えています。しかし、現在、ＡＩ（Artificial Intelligence＝人工知能）をはじめとしたデジタルテクノロジーの進展や、脳科学をはじめとするサイエンスの進化が人事の分野を大きく変えつつあります。

例えば現在、脳科学の分野ではパーソナリティと脳の構造や器質に関する研究が盛んに行われています。これは、従来心理学で説明されていた領域が脳科学で解明されつつあるということです。また、ＨＲ Ｔｅｃｈ（Human Resources Technology＝人事領域の問題を最新ＩＴ関連技術で解決するサービスの総称で造語）を代表とするテクノロジーは、組織の中の人間の行動データを集積し解析することで、組織内の人間の行動パターン、例えば人材の評価や退職予測などができるようになっています。

更に、これらのテクノロジーやサイエンスの進展を突き詰めていくと、人事管理というパラダイムは「集団（等級別）管理」から「個別管理」に大きくシフトをしていきます。従来、次期社長候補などの一部の人間を対象とした個別管理は、テクノロジーとサイエンスの進展により社員全体へと広がっていくのです。この動きは何も不思議なものではありません。
教育の分野では、すでに何年も前から個別指導という方法がスタンダードであることを皆さんもよくご存知だと思います。本来、個人個人で異なる人間に対し、適したアプローチをとるのは極めて自然なことです。それができなかったのは、個別管理をすることが非常にコストや手間がかかったためです。しかしながら、テクノロジーの進化はその壁を乗り越え、企業においても個別管理の人事を可能にしつつあるのです。

第二の変化は、日本の労働市場の流動化です。従来の「新卒採用・終身雇用」というモデルは、すでに限界を迎えつつあるのは周知の通りです。この日本的雇用モデルの終焉で起こることは、皆さんが想像している以上であると我々は考えています。それは、会社と社員の関係がこれを機に大きく変わる可能性があるということです。従来の日本的雇用モデルとは、会社が社員の人生を丸抱えする代わりに、社員は会社に対しコミットメントを示すという、相互コミットメントモデルでした。しかし、長期雇用という前提が崩れると、この相互コミットメントモデルは崩れ、社員の無償のコミットメントはもはや期待ができなくなります。その結果、社員の離職や組織の流動化がますます進むと思われます。

このような時代の人事管理のテーマに、「人材の引きつけと引き留め」が大きくクローズアップされてくるでしょう。元々、労働市場の流動性が高い欧米では、この人材の引きつけや引き留めは過去から現在に至るまで、経営の主要なテーマになっています。その対策は実にシンプルなもので、「選ばれる会社になる」ということです。最近は日本でも行われている「Great Place to Work」という概念は、つまるところ選ばれる会社かどうかということなのです。

それでは、選ばれる会社になるための究極のポイントは何かというと、個々人が正当に評価され、自身の可能性を広げられる場であるかどうかということです。欧米企業で行われている「One on One」などの上司と部下の個別ミーティングは、このために行われるのです。つまり、第二の変化の流動化という面でも、人材の個別管理が必要になっているのです。

本書は、テクノロジーを使った人材の「評価」と「個別管理」をどう行っていくのかをメインテーマにしています。ぜひ、皆様とともに、新たな人事の姿をつくっていきたいと考えております。この本が皆様の一助になればと心から願っております。

株式会社ヒトラボジェイピー代表取締役社長／立命館大学大学院経営管理研究科教授
永田　稔

Contents

第7章　デジタル化による人事業務革新　「パフォーマンスマネジメント編」

第8章　デジタル化による人事業務革新　「グローバル人事編」

「マシンアセスメント®」は株式会社ヒトラボジェイーピーの登録商標です。

第1章

デジタル化時代において人事業務は大きく変わる

1. 人事業務 デジタル化の衝撃

現在、ＡＩやＩｏＴ（Internet of Things＝モノのインターネット）、ＦｉｎＴｅｃｈ（Financial Technology＝情報通信技術を駆使した革新的・破壊的な金融商品・サービスの潮流を意味する造語」）やＨＲ Ｔｅｃｈなどの言葉を新聞やテレビで目にしない日はないでしょう。中には、「ＡＩが仕事を奪う！」や「あなたの仕事はＡＩにとって代わられる」とのセンセーショナルな記事も目に入り、「自分の仕事は今後大丈夫か？」と不安になっている方もいらっしゃるでしょう。

我々は人事コンサルティングという立場で多くの人事担当者とお会いしますが、人事担当者の方も、「将来、ＡＩに人事の仕事もとって代わられるんでしょうね」と心配そうにおっしゃる方をしばしば目にします。その際に、我々がお伝えするのは、

「確かにＡＩやＩｏＴの影響は人事の業務にも及ぶでしょう。その影響で、現在の人事業務も大きく変わると思います。皆さんが今までやっていたような人事の仕事はなくなるかもしれません。しかし、その代わりに皆さんが『面白い！』と思える新しい仕事も生まれるかもしれませんよ」と伝えています。

本書では、ＡＩやＩｏＴの大本である「デジタル化」がどのように人事業務を変えていくのかについて説明をしてゆきます。実際に我々の『マシンアセスメント（ＡＩ技術による人材評価システム）』を使い、社内の人材の成果事例や新卒の方のエントリーシートを分析すると、その分析結果に驚いていただくとともに、「これで今まで以上に、人材育成や人材配置の仕事が増えます！」と嬉しそうに言う方が非常に多いのが印象的です。

そうなのです。**テクノロジーが従来の人間の仕事を行うようになる代わりに、そこから生まれる仕事があるのです。その新たに生まれる仕事は、大方の場合、人間の創造性を刺激し、人間ならではの知的作業を求めるものとなる**のです。それでは、テクノロジーを活用した人事のデジタル化がどのような変化をもたらすのか、早速見てみましょう。

①数千人のエントリーシートから優秀人材をわずか1時間で発掘！

図1をご覧下さい。こちらは、新卒採用時のエントリーシートの中に記述されている「学生時代に力を入れて取り組んだこと」を弊社のマシンアセスメントで解析をしたものです。ここでは、三人の学生の「取り組んだこと」が解析されています。

表の縦軸には30数項目のコンピテンシー（能力）の項目が並んでおり、横軸には学生Ａ、学生Ｂ、

Competency Assessment Result

		Aさん	Bさん	Cさん
PLAN	P:情報収集行動			■ 20%
	P:分析行動			■ 15%
	P:洞察			
	P:仮説志向			■ 3%
	P:問題解決行動	■ 5%		■ 15%
	P:創造性			
	P:改善行動			■ 15%
	P:ビジョン設定行動			
	P:戦略思考力			
	P:意思決定行動			
	P:計画行動			■ 10%
	P:組織構築行動			■ 2%
DO	D:達成行動	■ 5%	■ 20%	■ 30%
	D:自律行動			■ 10%
	D:伝達行動			■ 10%
	D:組織運営			
	D:動機づけ行動		■ 15%	■ 10%
	D:対人影響行動			
	D:関係構築行動		■ 10%	
	D:場づくり行動			
	D:顧客志向行動			■ 20%
	D:組織感覚			
	D:交渉行動			
	D:チームワーク		■ 10%	■ 10%
	D:人材管理			■ 10%
	D:ダイバーシティ対応			
SEE	S:確認行動			■ 10%
	S:学習			
	S:柔軟性			
	S:執拗さ	■ 5%	■ 5%	
	S:自己管理			
	S:論理思考			
	S:EQ			■ 5%

図1　学生時代のエピソードから個々の強みを可視化

学生時代力を入れて取り組んだエピソード

● **Aさん**

私は、××部での活動に最も力を入れました。当部の最大のイベントは、毎年夏に実施される夏のお祭りです。このお祭りは、毎年1週間にわたって行われるもので、観客動員数[illegible]人とかなり大きなものになります。しかしながら、規模[illegible]もあり、毎年徹夜しなければならなないほど過[illegible]疲弊して××部からの脱退が相次ぐなど[illegible]。私は、部長の補佐役として、このお祭りに全力[illegible]寝る間も惜しまず、粘り強く働きました。途中には、部[illegible]対する不満が噴出していましたが、何とか今は根気よく頑張ろうとみんなを励ましながら、1週間を乗り切りました。(略)・・・・・・・・・・・・・・・私は、とにかくどんな状況でも諦め

● **Bさん**

私は、××部での活動に最も力を入れました。主に組合員と大学をつなぐ仕事に従事し、一つの仕事に皆で協力すること、一人ひとりが責任を持って成し遂げることの大切さを[illegible]した。特に、当部の最大のイベントである夏のお祭りで[illegible]く感じました。私は部長の補佐役として企画・運[illegible]当初は変更点が伝わっていない、自分たち[illegible]いとの不満からサークル内には、メンバーのモ[illegible]低下や進行の遅れといった問題が生じていました。この[illegible]を解消するために、長と50名のメンバーを繋ぐパイプ役として、「伝達事項は記録に残す、進行状況を定期的に確認する、パートリーダーを信じて仕事を任せる」の３点を心掛け

● **Cさん**

私は、××部での活動に最も力を入れました。主に組合員と大学をつなぐ仕事に従事し、物事を改善すること、自分から仕掛けて提案していく事を学びました。特に、当部の最大の[illegible]ントである夏のお祭りでは、これらを強く感じました[illegible]佐役として企画・運営を担当しました。事前に[illegible]バーにヒアリングと情報収集を行いまし[illegible]たところ、結果として、メンバー間の伝達齟齬、[illegible]分担によるモチベーション低下、スポンサー企業の巻き[illegible]不足の３つが大きな課題であると考えました。コミュニケーションの一元化をはかるために、新たにスラックというツールを導入し、使い方の講習会を開催しました。また役割分

→ **文章データから能力(コンピテンシー)情報を抽出**

※事例は架空のエピソードです

学生Cが並んでいます。A、B、Cの各学生が「学生時代に力を入れたこと」のエピソードの中で、発揮しているコンピテンシーはパーセンテージ横の四角の大きさで表されています。

例えば、Aさんのエピソードには、ほとんどコンピテンシー的な思考や行動が見当たらないため、ほとんど反応がありません。一方、Cさんのエピソード中には、様々なコンピテンシーが出現しています。

②エントリーシートには大きな情報が隠されている！

新卒採用では、多くの企業がエントリーシートを用意し、学生側はそのエントリーシートに、今までの経歴や志望動機、学生時代に力を入れて取り組んだことなどを書いて応募します。

インターネットによるエントリーシート応募が進むにつれ、学生一人当たりのエントリー数も増加傾向にあるようです。企業によっては数百から数千件のエントリーシートの応募があり、この中から採用活動の次のステップであるテストや面接に呼ぶ学生を選ぶ必要があります。そのため、企業の採用部や人事部の方はエントリーシートの応募期間締切後、手分けをしてエントリーシートを読み、次のプロセスに進める学生を決める必要があります。しかし、膨大な数のエントリーシートをじっくりと読む時間もない、また手分けをして読み込もうとしても、個々の読み手ごとに評価するポイントが異なるなどの問題が存在します。

エントリーシートに記入されている項目の中でも、経歴や志望動機は比較的読み手が判断しやすいものの、**「学生時代に取り組んだこと」のエピソードについては、読み手による評価や判断がまちまちで、統一した評価軸がないというのが実情でしょう。しかし、この「学生時代に取り組んだこと」のエピソードの中には、非常に重要な情報が隠されている**のです。その情報とは、**それぞれの学生が持っているコンピテンシーが、彼らの書くエピソード中に色濃く現れる**からです。

つまり、「学生時代に力を入れたこと」をきちんと分析することで、各学生が持っている「社会人として成果を出す力」をあらかじめ推測できるのです。このことは、この未曾有の採用難の時代に、「自社で活躍できる人材を見つけたい。それもできるだけ早い段階で見つけ、メリハリのついたアプローチを行いたい」というニーズに応えることができるものと考えています。

そこで我々ヒトラボジェイピーは、エントリーシートの中から社会人として活躍できるコンピテンシーを抽出する仕組みを開発しました。マシンアセスメント・エントリーシート分析サービスにかけると、**数千件のエントリーシートがわずか1時間足らずで分析**ができます（その前段の文章の整備や、アウトプットの品質チェックなどを含めると3～4日時間をいただいておりますが、解析のみは1時間程度で終了します）。

詳細は後で述べますが、各個人ごとのコンピテンシーの出現率を表したエクセルファイルとしてアウトプットされるので、そこから様々なフィルター機能により、社会人としてすぐに活躍できそうな人材を抽出することや自社に合ったコンピテンシーを持っている学生、また職種ごとに異なるコンピテンシーが求められる場合には、職種特定のコンピテンシーを持っている学生をフィルタリングすることも可能になっています。

このエントリーシートを「機械に読ませる」という処理により、**大幅な時間短縮が実現できるとともに、コンピテンシーの点数をデジタル化することにより、フィルタリングや並べ替え、抽出など、様々な加工や編集が可能になり、従来のエントリーシートをひたすら読み込むという作業から解放**されることにつながりました。

更に、機械化は副次的な効果も生み出しています。エントリーシートを機械で読み込むことで、余った時間は学生時代に培った専門スキルの確認や志望動機の確認、更には今後の会社のビジョンや戦略を実現するため、どのような人材ポートフォリオ（人材の組み合わせ）が必要なのか、そのためにはどのようなコンピテンシーを持っている人材を組み合わせて採るべきなのかという**本来、採用部門や人事部門が時間をかけて考えるべき「戦略的人事」業務に時間をかけることができる**ようになっています。

③研修効果の「見える化」により、研修の効果測定が可能に！

図2をご覧ください。この図は先ほどの学生の例と同様、縦軸がマシンアセスメントで測定できるコンピテンシーを表しています。ただし、横軸は「研修受講前」「研修受講後」と表示してあります。今回はある人の研修の受講「前」と「後」の変化を計測しているのです。

このケースでは、「問題解決研修」を行う以前と、研修受講半年後の同じ人物の「行動」の違いを表しています。**研修後に「分析行動」や「問題解決行動」が研修前と比べると、明らかに大きく表示されています。つまり、この方は「問題解決研修」を受講し、そこで習った内容を身につけ、実際の仕事の場面で発揮していると考えられる**のです。

同様に、同じ研修に参加した方の研修前と研修後の思考や行動の変化も分析をしていますが、7割くらいの方に同様の変化が認められました。この結果は、今回受けた「問題解決研修」は効果があったと言っても誤りではないと考えます。

現在、多くの会社で階層別研修やマネジメント研修などが盛んに行われていると思いますが、人材開発担当や研修担当としての本質的な悩みとして、「この研修は本当に役立っているのだろうか？」という点があります。皆さんも研修に参加すると、研修後に「アンケート用紙」がまわってきて、「この研修に満足しましたか？」「研修の講師について評価してください」などの回答をした

図2　研修の効果測定（受講前と受講後の成長度合を可視化）

Competency Assessment Result

		研修受講前	➡ 研修受講後
PLAN	P：情報収集行動		15%
	P：分析行動	5%	25%
	P：洞察		
	P：仮説志向		5%
	P：問題解決行動	5%	30%
	P：創造性		
	P：改善行動	5%	20%
	P：ビジョン設定行動		
	P：戦略思考力		
	P：意思決定行動		
	P：計画行動	10%	15%
	P：組織構築行動		
DO	D：達成行動	15%	17%
	D：自律行動		
	D：伝達行動	10%	11%
	D：組織運営		
	D：動機づけ行動	10%	8%
	D：対人影響行動	10%	8%
	D：関係構築行動		
	D：場づくり行動		
	D：顧客志向行動	10%	13%
	D：組織感覚		
	D：交渉行動		
	D：チームワーク		
	D：人材管理	20%	13%
	D：ダイバーシティ対応		
SEE	S：確認行動		
	S：学習	10%	15%
	S：柔軟性		
	S：執拗さ	5%	5%
	S：自己管理		
	S：論理思考		
	S：EQ		

問題解決研修受講

ことがあるかと思います。そのアンケート自体は決して悪いものではないのですが、**アンケートは研修参加者の「満足度」を測るもので、決して研修の「効果」を測るものではありません。**

研修の目的は、「研修を通じて学び、成長する」こと。更に言うと「研修を通じて、より高い成果を出せるように成長してもらう」ために、研修費用という投資をしているのです。しかし、先ほど述べた研修後に通常行われている「満足度」調査では、研修が「効果があったかどうか」はわかりません。「満足度」は研修の面白さや知的満足度、更には講師の魅力度によっても左右されてしまうのです。

研修の効果を測るためには、その研修を受けた人が受講前と受講後にその人の「ものの考え方」や「行動」が具体的にどのように変わったのかを計測するのが、最も適切だと思われます。しかし**従来までは考え方や行動の変化を把握するのは、専門家のアセスメントや熱心な上司がきめ細かく観察する方法によるしかなく、現実的に難しい状態でした。**そこにマシンアセスメントを使うことで、本人の思考や行動が具体的にどう変化したのか、研修の意図した狙いは達成されているのかを検証できるようになったのです。

④数百人のマネジャーの能力評価をわずか半日で分析！

機械による人材の評価は、エントリーシートの評価や社員の研修効果の測定だけでなく、社員の能力測定にももちろん使えます。人事業務の中心には、常に「評価」があるのはご存知の通りです。評価によって配置が決まり、評価によって昇進が決まり、評価によってお給料が決まるのです。

例えば、人材を昇進させるという人事業務は、評価の中でも見極めがなかなか難しいものとされています。その理由は、一般社員と管理職では求められる思考や行動が大きく異なり、能力の連続性が低いためです。しばしばスポーツの世界で言われる、「名プレーヤー、必ずしも名監督ならず」のように、一般社員と管理者の違いはよく表れています。これは一般社員でいくら優秀でも、管理職に必要な要素がなければ優秀な管理職にはなれないということを意味します。そうなると、単に過去の実績で選ぶのではなく、管理職への昇進対象者が、管理職として必要な能力要素を持っているかを確認する必要があります。

図3は、機械による人材評価の結果を能力特徴ごとにグルーピングしたものです。このグループを見ると、**優秀なタイプもいくつかのタイプに分かれます。「一人で徹底遂行力をもって成果を出すタイプ」や「後輩の育成や指導により、チームで成果を出すタイプ」「ビジョンや方針を示し、周囲を引っ張るタイプ」などが代表的でしょう。もちろん、管理職に必要なのは後者の二つのタイ**

図３　優秀人材（ハイパフォーマー）の能力特徴を半日で抽出

		ハイパフォーマー・グループ別平均スコア			
		単独徹底遂行タイプ	チーム力活用タイプ	ビジョナリータイプ	分析タイプ
人数分布		30名	50名	10名	10名
代表的コンピテンシー					
情報収集行動	INF	6%	4%	20%	15%
分析行動	ALY	5%	3%	4%	30%
洞察	INS	0%	0%	15%	10%
仮説志向	KS	3%	1%	10%	20%
問題解決行動	PS	15%	10%	9%	20%
改善行動	INV	35%	6%	11%	20%
ビジョン設定行動	VIS	2%	2%	35%	7%
達成行動	ACH	30%	15%	20%	17%
自律行動	AUT	30%	4%	6%	6%
伝達行動	CMN	6%	15%	30%	6%
動機づけ行動	MOV	5%	20%	15%	5%
場づくり行動	EVM	3%	15%	10%	2%
チームワーク	TW	5%	35%	10%	7%
人材管理	HRM	2%	20%	2%	3%
執拗さ	PER	15%	5%	5%	2%

プであり、このような能力を持っている人材を候補者の中から見つけ出す必要があるのです。

マシンアセスメントでは、**数百人の解析とその結果の種々の分析は約半日程度**で終わり（データをコンピューターで解析する時間のみ。データを整理・解析し、レポート化して最後の品質を確認するまでの一連のプロセスで、トータル3〜4日となります）、更に**各候補者がどのようなタイプなのに属するのか、一人で成果を出すプレーヤータイプか、それとも人を束ねて成果を出すタイプなのかのグルーピングも可能**です。

以上のように、従来は人手に頼っていた「評価」という行動を機械に任せることで、従来とは比べものにならないくらいのスピードで社員の能力を測定することができる時代になっています。また、その結果は定量的な形でアウトプットされるため、編集や加工、統計的な処理も容易であり、個々人の特性を細かく把握するのと同時に集団としての特徴を浮き彫りにすることも可能となっています。

すなわち、従来の評価データは定性的で評価を行う人によりバラツキがあり、一貫性のないデータであったものを、共通の尺度で定量化することにより、人事業務を効率化し、かつ効果もあげることができるようになってきているのです。これが、デジタル人事、次世代のデジタル人事の姿なのです。

2. IoT、AIの波が人事業務にも押し寄せている

この新たなデジタル人事は、現在、皆さんが耳にすることの多いIoTやAIの影響によるものです。これらの技術は、企業活動におけるヒト・モノ・カネの流れを大きく変えつつあります。従来、人の経験や勘に頼っていた部分を、センサーやAIを活用することにより、モノづくりやマーケティング分野のデジタル化が進んでいます。

例えば、私はかつてお菓子メーカーの製造ラインを見学したことがあります。そこでは揚げ煎餅がつくられており、最終工程には十数人の検査員がずらりと並び、ベルトコンベアで流れてくる大量のお菓子を目視で確認し、揚げすぎて「焦げ」のあるお菓子を手で弾いていました。揚げすぎのお菓子が一定以上増えると、上流工程にあるフライヤー（揚げ器）の温度や更に上流の原材料の混合具合を調節し、適切な揚げ具合へ調節するのです。そのようにして、最適なお菓子を製造していました。

しかし現在では、そこに人の姿はありません。最終工程にはカメラが設置され、揚げすぎのお菓子はカメラによって把握され、機械の手で弾かれます。その情報は上流にフィードバックされ、混合具合や油の温度も自動調節されているのです。このフィードバックが常にまわることにより、よ

り精度の高い検知とプロセスのコントロールが行われているのです。

また、農業のような分野でも現在急速にＩｏＴ化が進んでいます。従来は、農作業を行う人の経験や勘に基づいて行われていた作業が、稲や野菜の生育状況や水、日光の量などをセンサーで計測することで、インプット（ここでは種、水、日光、土など）、プロセス（栄養分のコントロールや日光の照射時間など）、アウトプット（生育状況など）を最適化していくのです。

人事の皆さんには叱られるかもしれませんが、「育つ」ものとして植物と人は似ている面があります。プロセスのコントロールや、手をかければかけるほど望ましい姿に成長する可能性が高まるという点において、似ているのではないでしょうか？

このように、現在、様々な産業においてＩｏＴ化が進行しています。人事におけるデジタル化もその大きな流れの一つと考えられます。

3. ＩｏＴ、ＡＩの影響の本質

このように様々な産業やそのプロセスでデジタル化、ＩｏＴ化が進んでいくと思われますが、その本質とはどのようなものでしょうか？

我々が考える**デジタル化やＩｏＴ化の本質とは、従来見えにくかったものの「可視化」であり、可視化することで「評価」ができ、「評価」をもとに「制御」が行われ「最適化」が実現するという、「可視化」「評価」「制御」「最適化」の一連の流れが、産業のデジタル化やＩｏＴ化の本質と考えます（図４）**。先ほど述べたお菓子づくりの例や農業の例も、全てこのプロセスに沿った動きなのです。この流れを支えるのが、センサー技術やＡＩ技術、通信技術であり、これらの技術の進化により、現在の大きな産業変化がもたらされています。

しかし、この可視化・評価・制御・最適化というマネジメントは、何も今日急に現れたものではありません。様々なマネジメント手法や管理手法というのは、この可視化・評価・制御・最適化を行おうとしてきた歴史でもあると私は考えます。

例えば、皆さんもよくご存知の生産現場における「カンバン方式」というマネジメント手法は、まさに可視化・評価・制御・最適化を目指しているものです。また、マーケティングにおける「セ

図4　デジタル化の本質

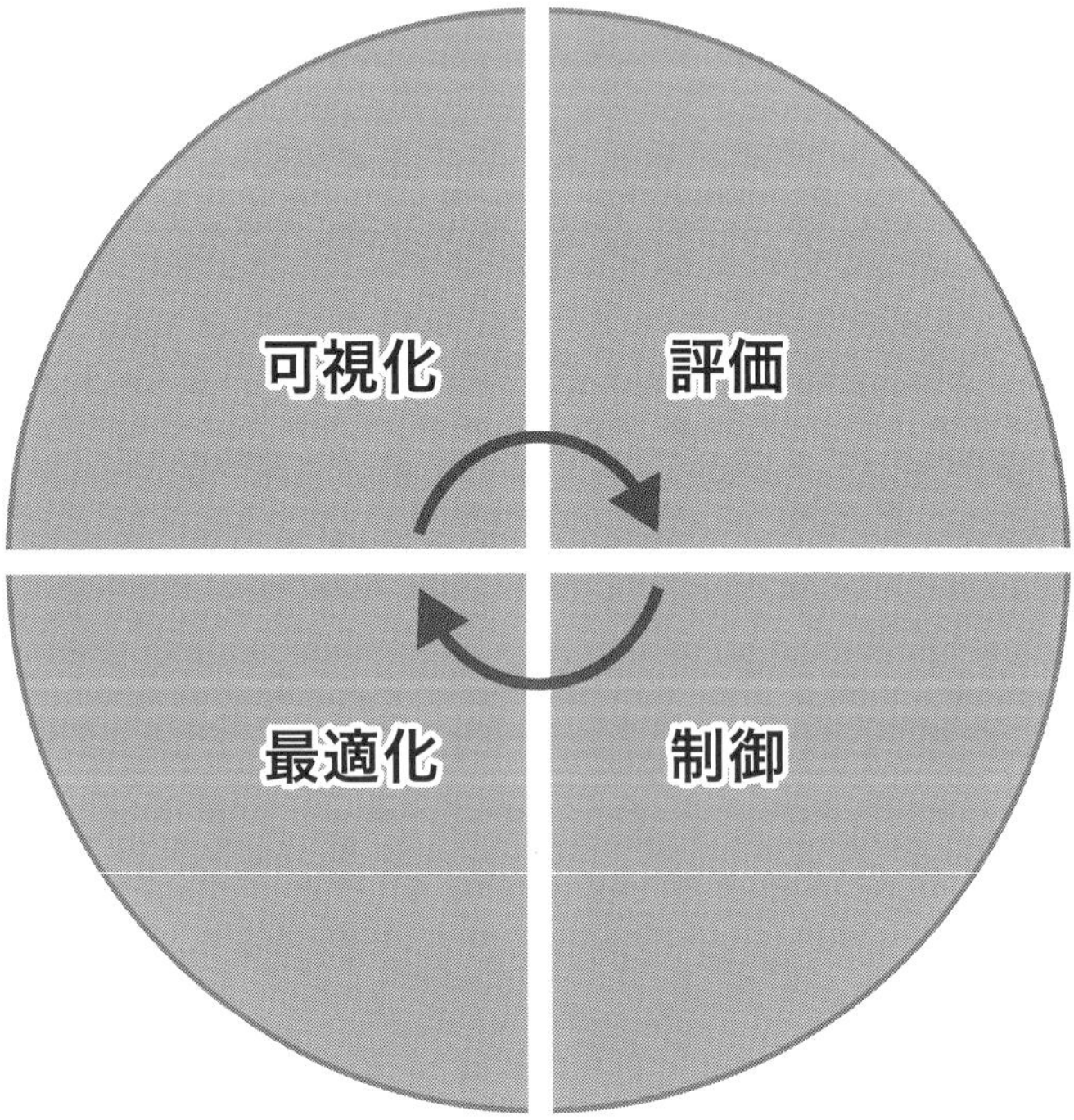

グメンテーション」という考え方も、顧客という漠とした集合を、特定のニーズがある小集団に分類し、小集団に分類することでよりニーズが鮮明化し、効果のあるアプローチや商品特性が決められてきたのです。このように、あらゆる経営活動において「可視化・評価・制御・最適化」は歴史的にも追求されてきており、経営の本質と言ってもいい活動だと考えています。

4. デジタル化テクノロジーの人事業務への影響

経営の諸活動がデジタル化され、「可視化・評価・制御・最適化」される流れの中で、人事の業務も大きな変化を迎えているのは冒頭にいくつかの例で示しました。人事業務もデジタルテクノロジーの進展を受け、従来、見えなかったことやできなかったことが可能になりつつあります。

現在、注目されているＨＲ Ｔｅｃｈも、このデジタル化による「可視化・評価・制御・最適化」の流れの中で捉えると、各サービスの位置づけが分かりやすくなると思います。例えば、ＡＩによる退職者予測サービスが各社から提供されています。そのアルゴリズム（問題を解決するための手順）は各社が工夫をして異なりますが、退職者の特徴や傾向という要因を可視化し、その度合いを評価するという大きなプロセスは共通と思われます。その評価に基づいて、上司や人事が制御のためのアクションを起こし、退職率低減という最適化状態をつくり上げているのです。

本書でも紹介する人材の最適配置モデルも同様で、各ポジションに求められる人材要件や人材の特徴を可視化し、候補人材と各ポジションのマッチング度合を評価し、人材の能力面で不足している部分を補うことで制御し、最適配置状態を実現するというイメージです。ＨＲ Ｔｅｃｈも経営活動の一環であり、可視化、評価、制御、最適化という枠組みに入るものと考えるべきでしょう。

5. 人事のデジタル化の課題は「人材の可視化」「人材評価」にあり

従来の人事業務、採用から育成、配置業務を効果的に運用するためには、「人材評価」が極めて重要になります。その理由は、人材評価業務の結果により、次のアクションである採用業務や育成業務、配置業務が行われるからです。**人材評価が人事業務の中心にある**といっても過言ではないでしょう。人材を評価することで必要な人材の採用を行い、人材の評価により開発すべきスキルや能力を特定し、人材の評価により適切な配置が行われるのです（**図5**）。

現在、この人材評価業務は、評価業務として定期的に各職場で上司により年度評価や人事担当者による定期面談がそれにあたります。これらの情報が集められ、前述のような人事業務を行うことにつながっているのです。

しかし、**現在の評価業務にはいくつかの限界**があります。我々は人事コンサルタントとして、20年近く、企業の管理職を対象とした「評価者研修」を行ってきましたが、かなり時間をかけて研修を行っても、**管理職間の「評価のバラツキ」はなかなかなくなりません**。どうしても**人間にはバイアスや好き嫌い**があり、全ての管理職の方がそこから完全に抜け出すことは難しいというのが正直なところです。

図5　人事業務の中心は「評価」

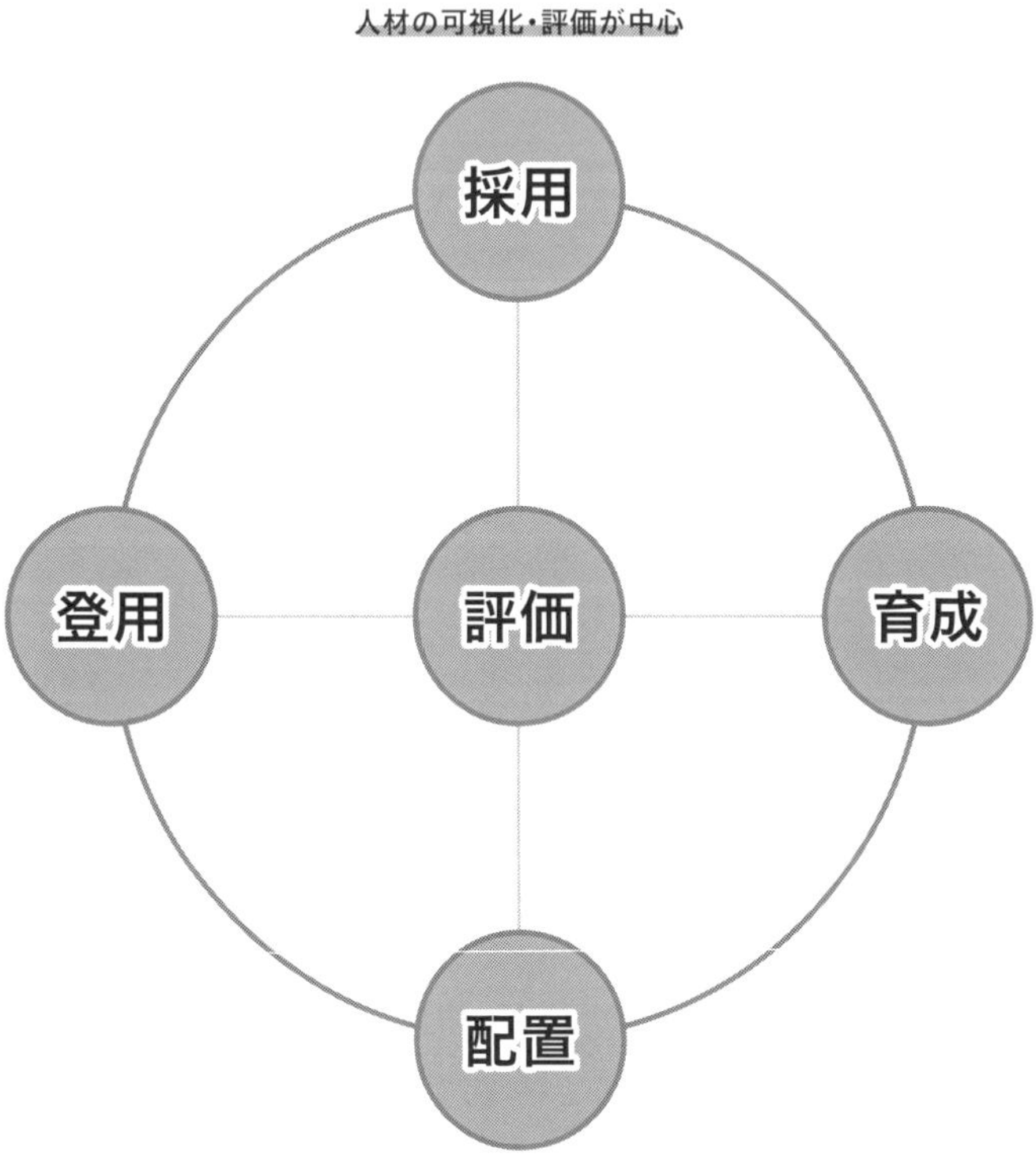

一方で、評価手法に通じた人事担当者が社員の能力を毎年、直接把握できるかというと、それも社員の数が多いと現実的ではありません。このような人材評価の限界があるために、今まではどうしても、人材の評価に基づいた効果的な採用、効果のある育成、最適な配置に限界があったと言えるでしょう。

このような**限界を乗り越えるために、いくつかの企業は人材評価業務をアウトソースしています。**私自身も長期間、外部の専門家としてある会社の人材評価を請け負っていますが、これは限界をその会社が乗り越えようとしたものです。つまり、外部の人材評価サービスを使うことにより、均一の目線により社員を評価することができ、かつ内部の人事のリソースの限界という問題を乗り越えることができるのです。

この会社は主に育成業務で外部に評価業務の委託を行っていますが、社員を客観的に見ることができるというメリットについては、経営者の方にも評価をいただいています。どのような点を評価していただいているかというと、単に社内のリソース面での限界を補完するという点だけでなく、人材評価の専門家が行うことで社内の方が気づかなかった社員の皆さんの強みや弱みについて、客観的な評価を行うことができる点が最も評価されていると思われます。

しかし、現在、**我々が請け負っている評価業務も完全ではありません。後の章で詳しく述べますが、我々が従来請け負ってきた評価業務は、我々自身がインタビュー（コンピテンシー・インタビ**

ュー）**を社員の方に行い、その結果をレポート形式で報告するという形**です。これは同様の人材評価サービスを行っている会社も、同様の形で行っているはずです。

この人材評価の欠点は、データが定性的なデータであり、定量的な比較や分析、編集に向かないという点にあります。そう考えると、**人事業務の根幹である人材評価にはまだまだ改善の余地があると思われます。このことは、人材評価という業務に評価の正確さや速さ、頻度の多さ、評価データの定量化という面で改善を施せば、その後の工程にある人事の様々な業務、採用業務、育成業務、配置業務などに大きな革新を起こせる可能性がある**ということです。

冒頭でいくつかの人事業務の革新の例を示しましたが、それ以上の革新が新たな評価業務により起こる可能性があり、実際それはすでに起こりつつあります。その起こりつつある実例についてご紹介したいと思います。まずは、次章で「機械が人を評価できるのか」といった皆さんの疑問にお答えしていきます。

第2章

機械が人間を評価できるのか

「マシンアセスメント」による能力評価への挑戦

1. 従来の人手による「能力評価」方法とその限界

従来の人手（外部専門家・人事担当者）による「能力評価」の代表的手法であるコンピテンシー・インタビューには、理論的な裏づけのもと、数十年にわたる実践知の蓄積によって、確たる信頼性と大きな効果がありました。一方で、制約条件も多く、組織内でも一部の選ばれた人々にしか能力開発の機会を提供できないというジレンマがありました。このジレンマを解消し、組織内の全ての人に能力開発の機会を提供しつつ、効果的な人材マネジメントにつなげていきたいという想いが、マシンアセスメント開発に挑戦するきっかけとなりました。まずは、従来の人手による能力評価方法とその限界について見てみましょう。

従来の人手による能力評価の主要な測定方法は、インタビューによる観察（図1）でした。特にコンピテンシー・インタビューという手法は、トレーニングを受けた専門家あるいは人事による1〜3時間程度のインタビューによって、行動事実という事実（ファクト）に基づいて能力（コンピテンシー）を抽出することができます。この方法は、1973年にハーバード大学のマクレランド教授が提唱したコンピテンシーという概念をベースとし、その後も多くの研究・実践を経て、理論的にも実務的にも信頼性の高い方法となっています（代表的な手法のものは、ＢＥＩ（Behavioral Event Interview）と言われています。

一方で、この人手による方法には以下のような限界がありました（**図２**）。

１：専門家による１～３時間のインタビューのため、多くの人数に対応できない
２：人手による実施費用が高額で、費用の制約に縛られ人数・回数に限定される
３：コメント形式による定性評価が中心であり、経年比較や横並び比較が難しい
４：専門家の訓練に時間がかかる上に、専門家以外の訓練を受けていない人事や上司が代替しようとした場合、偏見やバイアスが生じて評価がうまくいかない

【１：肉体的疲労等による物理的限界】

訓練を受けた専門家といえども、**人間である限り疲労の影響は免れません**。能力の見極め精度を保つ上でも**１日３～４名が**限度と言われており、必然的に多くの人数に対応することが難しくなります。例えば、１万人の能力評価で強みと課題を特定したいと思っても、現実的には相当に難しいということになります。

図1　インタビューによる能力評価の流れと分析内容

能力評価の代表的手法(インタビュー)

主なインタビュー内容

- どのような課題に取り組んだのか？
- 課題に取り組んだきっかけ・動機は何だったのか？
- 具体的にどのように課題を解決したのか？
- 難しかった点をどのように工夫して乗り越えたのか？
- 取り組んだ結果、どのように状況が変化したか、結果は？

▼

主な分析内容

- 専門家によるインタビューを通じた観察によって、行動特性を明らかにし、能力(コンピテンシー)を抽出する
- 更に複数の事例を通じて共通する勝ちパターン、負けパターンを分析し、強みと課題を客観的に把握する
- 他の補完的な評価情報(社内の評判、360度調査、パーソナリティ等)と照らし合わせつつ、結果を多面的に解釈・検証する

図2 これまでの方法論(人手のみに頼る)の限界

人手による四つの限界

1	肉体的疲労等による物理的限界
2	実施費用によるコスト限界
3	定性的表現による分析限界
4	バイアスによる認知的限界

【2：実施費用によるコスト限界】

実施費用に関しては、近年高騰傾向にあります。スキルのある専門家の数が少ない一方、能力開発ニーズは高まる傾向にあるため需要と供給のバランスが大きく崩れつつあるのが理由です。20年前は1名あたり10万円程度だった費用（それでも高額ですが）が、近年は**1名あたり35万～45万円**、エグゼクティブ候補になると100万円単位の数字になってしまうことも珍しくありません。能力開発を効果的に行う上でも、本来は広く全社員に受けさせたい、数年ごとに定期的に受けさせたいと思っても、費用の制約に縛られてしまいます。結果的に、多くの対象者に適用したい場合は、効果は高いものの時間・コストを要するコンピテンシー・インタビューの適用は見送り、簡易的で1名あたりの単価が比較的低い適性検査やパーソナリティ検査、360度調査等を行うことで、コンピテンシーを間接的に予測・推測する手法を使うことになります。

【3：定性的表現による分析限界】

インタビューという手法の特性上、どうしても定性的な評価にならざるを得ないため、横並び比較や経年比較がしづらいという難点があります。例えば、経営者からよく人事に聞かれる質問として、以下のようなものがあります。

「うちの管理職の能力レベルは、5年前と比較して上がっているのか？」

「うちの役員の能力レベルは、競合他社の役員層と比較して競争力があるのか、ないのか？」

前者は組織内部での経年比較、後者は組織外部との横並び比較の質問とも言えるでしょう。このような問いに答えるには、これまで感覚的な言い方をせざるを得なかった側面が多かったと思われます。本来は、横並び比較、経年比較を的確に行った上で現状を把握し、様々な人事施策に反映させていくべきなのです。

【4：バイアスによる認知的限界】

専門家による費用・時間制約をカバーすべく考案されたのが、人事スタッフや上司に対する能力評価トレーニングです。多大な費用と時間をかけてトレーニングを行っても、大変悲しいことに8割方が失敗に終わります。様々な理由があるのですが、一番大きな理由に、このコンピテンシー・インタビューという手法はバイアス・偏見が強い人には習得が非常に難しいという点があります。例えば、以下のような考えを持っている人はどれほど知識・スキルを教えても、適切な能力評価をすることは難しいでしょう。勿論、以下のようなあからさまな言動はさすがに少ないのですが、「そのような考えの下、判断しているだろう」という方は実際多くおられます。

「あの人はいい大学出身で、X社出身だから能力も高いに違いない」（学歴・社名バイアス）

「あの人は、雰囲気があるからリーダーにふさわしい（所謂《いわゆる》、美人やカッコいい方のことが多い）」（外見バイアス）

「人って、好き嫌いで評価したらダメなんだろうか？」（能力評価放棄）

「あの人は高い成果を出したから、能力も高いに違いない」「結局、結果が全て」（過度な成果影響バイアス）
「あの人は、部下から評判が良いから、登用しても良いのでは」（特定能力への過度な信頼。部下マネジメント力は、あくまで登用要件の一つ）

冒頭で述べたように、以上のような制約もあり、コンピテンシー・インタビューによる能力評価は**多くの組織において一部の選抜された対象者への限定的な機会としてこれまで位置づけられることが多かった**と言えます。このコンピテンシー・インタビューが持つ効果・効能を損なうことなく、人間の肉体的・物理的制約を機械・テクノロジーによって補完することで、組織内のあらゆる階層に能力開発の機会提供をあまねく行うことを目指してマシンアセスメントの開発はスタートしました（**図3**）。

図3 目指したのは能力開発機会の拡大

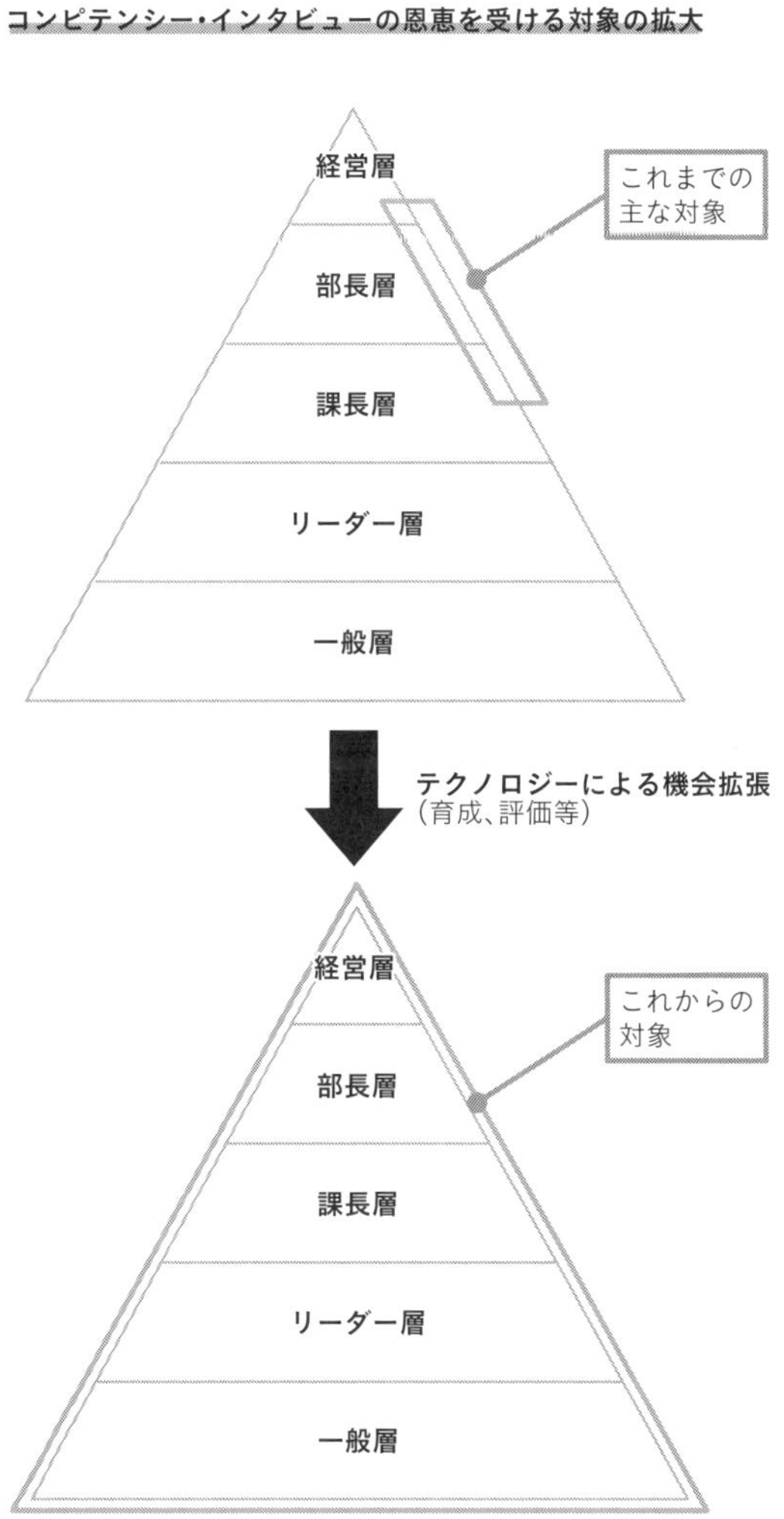

2. 人間の評価手法を機械で再現する「マシンアセスメント」とは

マシンアセスメントとは、簡単に言えば、400~1200字の文章データ（成果・行動事例）を機械にインプットすることで、文中に含まれる思考・行動特性データを解析し、その方が発揮しているコンピテンシーの種類と強さを可視化する仕組みです（図4）。

最初にこの仕組みを紹介した際によく聞かれる質問としては、以下の点があります。

Q1：文章のうまい、下手が影響してしまうのではないか
Q2：インタビューと比較して、深掘り質問等ができないのではないか
Q3：虚偽記載や誇張文章が入ってしまうのではないか
Q4：キーワード的なものをちりばめれば、スコアが良くなるのではないか

図4 マシンアセスメントの流れ

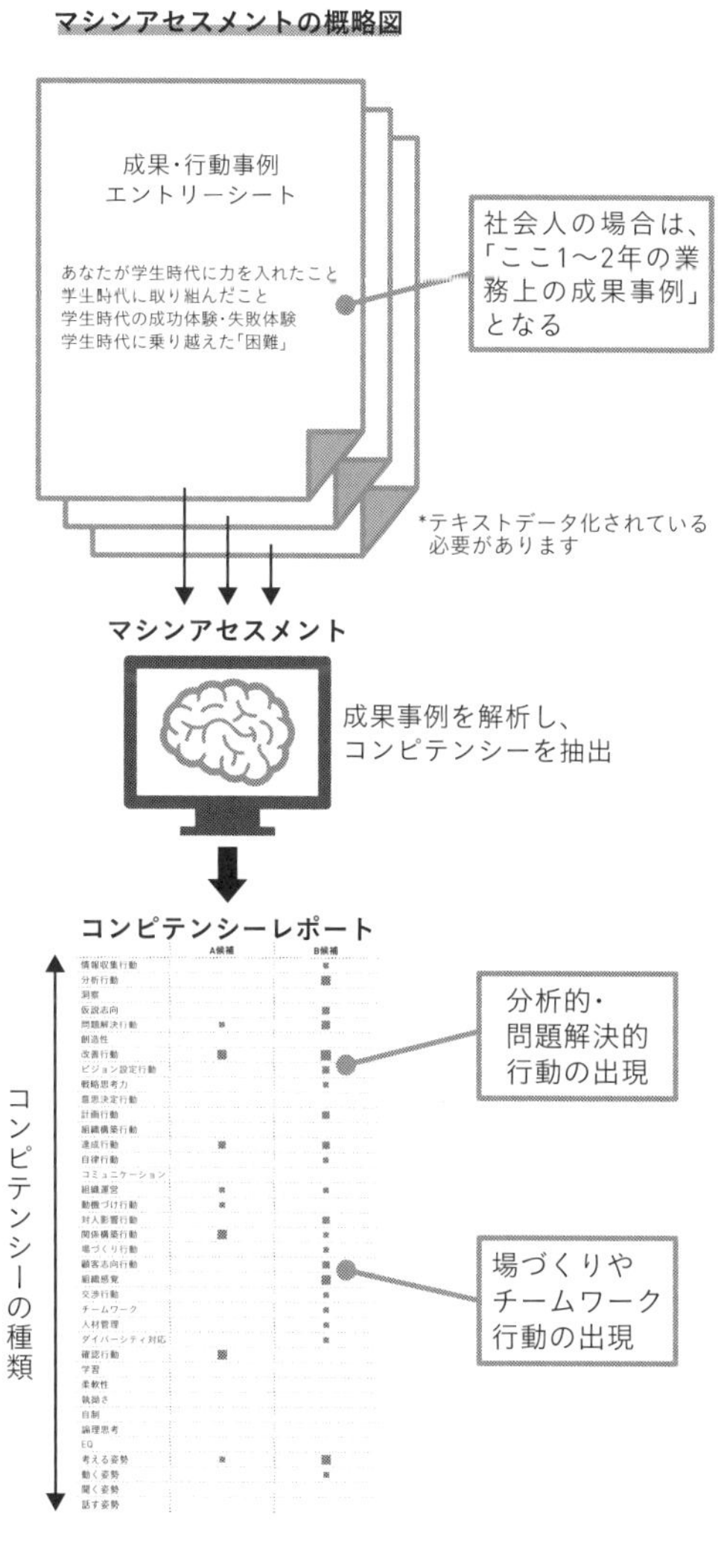

Q1について、我々が開発したマシンアセスメントでは、思考・行動特性データを抽出するロジックを組み込んでいるので、所謂「うまい文章、綺麗な文章」であっても反応しないようになっています。あくまでも、その方が工夫しながら取り組んだ行動データがない限り、スコアは出ない仕組みになっています。

Q2は、非常によく聞かれる質問です。実際に我々は、専門家としてこれまで十数年間、能力測定のためのインタビューを行ってきました。その経験から言えることは、ご自身の成果創出のためにとられた考えや行動は、時間をかけて聞けば、思い出し、言葉にできるということです。

インタビューの場合には、緊張してうまく話せないという方でも、我々は焦らずじっくりと時間をかけ聞き出してきました。会話が苦手な方でも、ご自身の成果事例を「書く」という行為が苦手という方は、今までにいらっしゃいませんでした。書く行為はご自身の時間の許す限り、ご自身が内容に納得するまでとことん向き合える行為だからと考えています。よって、書いたものについては、ご自身の納得度合いが非常に高いものとなります。成果に向けて色々考え行動をした人は、その全てを文章の中で表現をしようと試みています。その結果、我々も驚くような数多くのコンピテンシーが文章中に現れるという結果になっているのです。

一方で、字数という表現上の制限があるのも事実です。それゆえ、書けなかった行動が残っている可能性もあります。書けなかった行動がある方は相当の優秀人材（ハイパフォーマー）であるため、その方が現れた場合には、追加で話を聞いてみればいいのです。つまり、深掘りをする対象となる人は、結果として極めて少なくなると考えています。

あとは、インタビュー時も同様ですが、評価されることに対し非協力的な態度をとる、インタビューに答えない、事例をまじめに書かないという方もいらっしゃるかもしれません。このような方がいる場合には、これは評価をする・しない以前の問題ですので、なぜそのような態度をとるのかについて問題提起をする必要があります。

ハイパフォーマーについて補足しますと、先ほど述べたように限られた文章だけで表現できない場合もあります。よって、そのような方が現れた場合には、ぜひお話を直接伺ってみて、その方の考えや行動の凄さを実感してもらいたいと考えています。「この人はワールドクラスだ！」という方もいらっしゃるかもしれません。

Ｑ３は、実際に想定されます。しかし、結局証拠が残ってしまいますので運用でカバー可能です。昇格面接で活用する場合であれば、事後チェックをすれば簡単にわかりますし、新卒採用であっても「虚偽・コピー等の記載があったと判明した場合は、入社後であっても採用を取り消す」といった宣言をしておけば大丈夫でしょう。

Q4もよく聞かれる質問です。単純な仕組みであればそのようなことも可能でしょうが、文章内の文脈や出現位置、用語の組み合わせ、文章構造、出現回数等も加味してスコア化しており、不自然な文章は対象外にするロジックを適用しているので、マシン対策が難しい仕組みとなっています。加えて、書いた内容は未来永劫残ってしまうので、そのようなスコア狙いの文章を書いた人は、将来恥ずかしい思いをすることになろうかと思います。

マシンアセスメントは機械による能力評価ですが、機械だからといって特別であったり未知の評価方法をとったりしている訳ではありません。先人の蓄積であり、信頼性の高いコンピテンシー・インタビューという能力評価手法を可能な限り機械に置き替えるという愚直な取り組みをアルゴリズム化しています。「機械に評価されるのは嫌だ」といった声もありますし、十分共感できるものです。しかし、「機械に評価されるのは嫌だ」と言う方に聞いてみたいのは、「では、評価力のない上司に評価されるのは良いのでしょうか?」ということです。感情的なテーマについては、一度落ち着いて分析することが大事です。優先度を考えると、以下のようになるのではないでしょうか。

1：評価力のある上司・専門家（人間）にしっかりと評価される

2：評価力のあるマシンにしっかりと評価される

３：評価力のない上司・専門家（人間）に評価される
４：評価力のないマシンに評価される

この優先順位が逆転している方、例えば「3のほうが2よりマシだ」という方がおられたら、マシンアセスメントは必要ないということになりますが、それは少数派ではないでしょうか。ただし、４は理解できますし、注意が必要な点だと考えます。

この優先順位を眺めた際に、我々が考えたことは、２の選択肢の地位向上です。すなわち、評価力のない上司・専門家（人間）より遥かにマシな仕組みであること、評価力のある上司・専門家（人間）の評価を再現するべく、可能な限り1に近づけていくことです。勿論、４は論外です。４にならないためには、評価結果とその理由について説明可能（アカウンタブル）であり、マシンの結果自体を人間が判断・事後検証できることが必要でしょう。

①マシンアセスメント開発の背景

(ア) 能力評価の理論

マシンアセスメントの開発背景を説明する上で、**回り道のようですが、能力評価とは一体何なの**

かを整理する必要があります。一口に能力と言っても多様な解釈をされることが多いからです。

ここでは、職務遂行や成果創出の過程で、当該人間が持つ資源（リソース）とその資源の効果的な使い方における特徴的な振る舞いを、広義の能力（コンピテンシー）と呼びたいと思います。もう少しわかりやすく言えば、これは成果創出のプロセスに沿って、大きく潜在能力（インプット）・顕在能力（プロセス）、そして成果（アウトプット）という形で整理できます**（図5）**。

例えば、営業で新規の顧客を獲得したという成果があったとします。これは目に見える成果です。この成果を出すために、顧客へのプレゼンテーション（説明資料）を作成する際に、相当に意欲的に取り組み（やる気）、技術営業としての製品知識を活用し（知識）、過去の人脈を十分持っている（人脈・ネットワーク）際に、このやる気・知識・人脈は、潜在能力（インプット）にあたります。それでは、顕在能力（プロセス）は何なのかと言えば、例えば顧客獲得に向けて、顧客のキーパーソンの特定（組織感覚力：組織内の政治力学を特定・活用する能力）を事前に行って資料準備しているといった場合は、この組織感覚力が顕在能力（＝コンピテンシー）と言えます。

マシンアセスメントは、この顕在化しているコンピテンシーを抽出・可視化するためのツールとなっています。文章でなぜコンピテンシーが抽出できるのかと言えば、成果創出の過程で工夫したことや取り組んだことは、必ず顕在化した行動として文章表現が可能だからです。

図5 成果創出プロセスから見る能力の分類

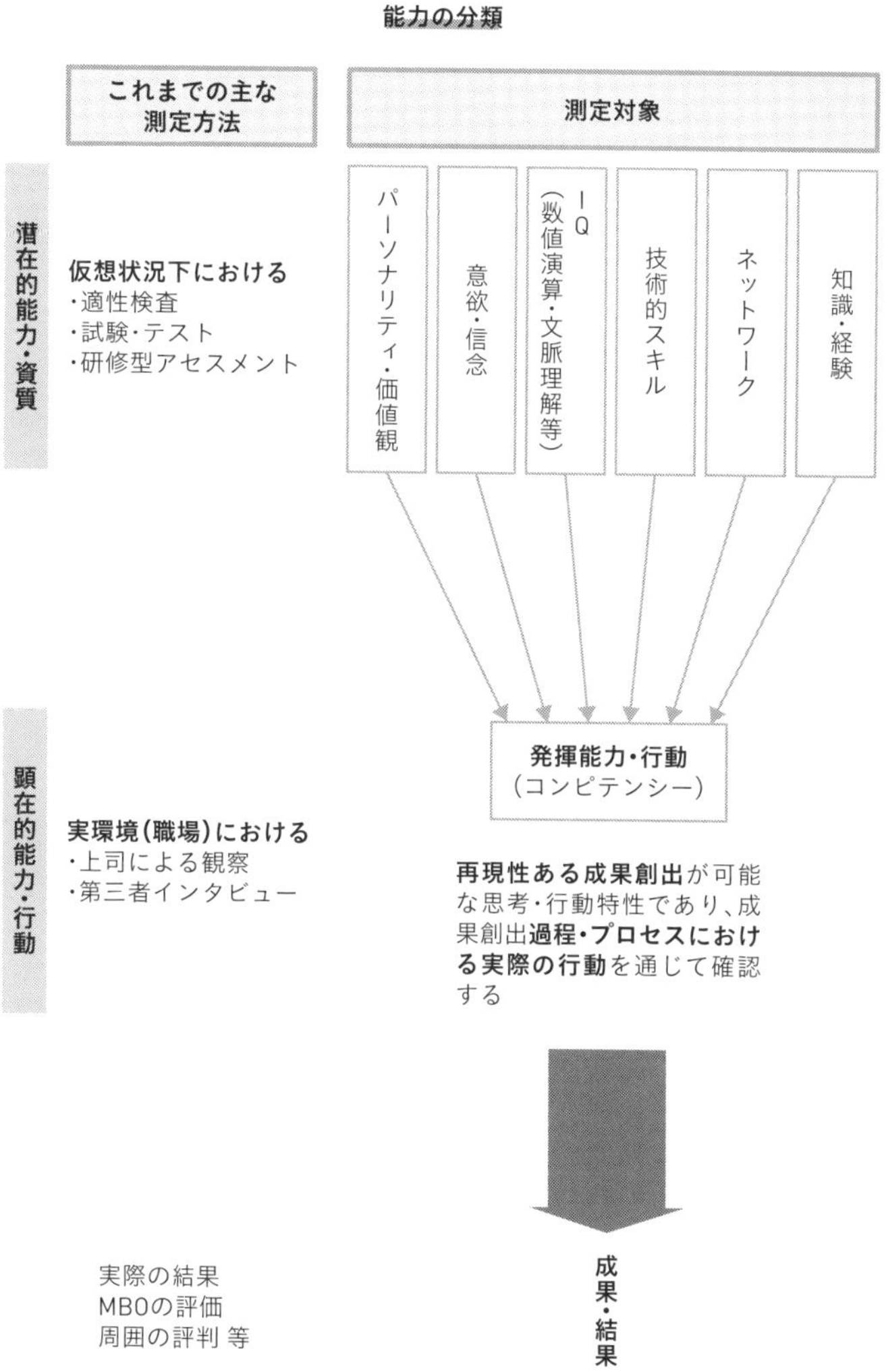

【潜在能力】……インプット

成果創出のために必要な資源であり、インプットになるもの。必要な要素を保持していることは必要だが、それだけでは直接的に高い成果創出につながりにくいもの（成果創出の必要条件とも言えます）。

代表的な要素：知識、ＩＱ（知能指数）、技術的スキル、意欲、目的意識やビジョン、過去の経験、ネットワーク・人脈、パーソナリティ、教養、価値観

【顕在能力】……プロセス

直面した状況を適切に判断して、課題解決や成果創出に向けて発揮されてきた具体的な思考・行動特性であり、将来においても似たような状況において再現性高く発揮が期待できるもの。狭義の能力（コンピテンシー）であり、成果創出の十分条件と言えるもの。

代表的な要素（コンピテンシー名）：情報収集行動、仮説構築行動、分析行動、組織構築行動、組織感覚力、対人影響力行動等

前述したマクレランド教授の論文「Testing for Competence Rather Than for "Intelligence"」において、それまで社会人や学生の能力の測定において広く普及していた潜在能力であるＩＱやパーソナリティ試験（適性検査）では、社会人としての仕事や活動（real life outcome）の成功確率を

予測する手段としては信憑性《しんぴょうせい》が乏しいという指摘のもと、新たな手段として提示されたのがコンピテンシーの概念でした。

【成果】……アウトプット
実際に創出された目に見える結果であり、成果。事業上の成功・失敗であったり、周囲からの評判も含まれる。
代表的な要素：事業上の成果・結果、組織内の評判

この潜在能力、顕在能力、成果を測定するツールや手法には様々なものがありますが、ポイントは、何を測定しているのかに自覚的になるとともに、その測定手法がどのような特徴、更には限界を持っているものかを理解した上で活用することです。

繰り返しになりますが、**マシンアセスメントは、顕在能力であるコンピテンシーを測定しています。潜在能力であるパーソナリティや適性検査とは異なるものです。**採用や登用時の能力アセスメント手法として、パーソナリティを測定する適性検査という手法が一般的によく使われていることかと思います。能力測定として一般的によく使われている手法ですが、顕在能力としてのコンピテンシー測定と混同・誤解される人事の方がかなり多いようです。

能力評価をどのように行うかといった点については、そもそも〝能力〟がどの能力を指しているのかを意識しておくことが重要になりますし、その上で、能力評価を適切に行うための流れとしては、以下のようになります。

- **測定対象の能力要素の特定**
- **能力要素の特徴に応じた最適な測定手法の選定**
- **選択した測定手法の効用と限界についての把握**
- **実際の能力要素の測定**
- **測定結果の解釈と活用**

パーソナリティ検査をこの流れに沿って一度検討しつつ、コンピテンシーとの違いを明確にしておきたいと思います。まず測定対象は、パーソナリティなのですが、これは心理学的に確立された統計的手法に則り、パーソナリティを測定します。心理学の世界ではロールシャッハ検査などがありますが、ビジネスの現場では選択式の設問を自己回答する方式が主流です。

この手法の効用は、30~40分程度の時間で項目別の特徴がスピーディーに可視化・数値化されることです。結果の活用については、所謂職務特性や組織風土とのマッチングを見る上で有効だと言われています。例えば、人と話すのが苦手であるという対人敏感性の高い人が営業職に応募してきた場合、対面営業の職務がフィットしないことは容易に想像がつくでしょう。

また、パーソナリティは能力の高低と違い、あくまで傾向差として評価されます。例えば、懐疑心が強いという特性は、言葉のニュアンスからすれば非常に悪い印象がありますが、慎重にリスクを見極める、深く考えるといった長所もあると考えられます。どのパーソナリティにも、長所と短所が必ずあるという点は一つの救いと言えます。

一方で、限界についても十分把握しておく必要があります。

限界１：回答する際の状況をニュートラル（中立）状態に保つのが難しい
限界２：パーソナリティ以上のこと（例：顕在化されたコンピテンシー）はわからない
限界３：本人の実際ではなく、憧れ・願望が反映されてしまうことがある

パーソナリティ検査を適用する状況ですが、例えば、採用面接や昇格試験の際であれば「下手な回答をすれば不合格になってしまう」という憶測を呼びます。当然、望ましい人材像を演じながら検査に回答することになりますので、架空の人格に基づいたパーソナリティ結果が現れることになります。

勿論、自分とフィット感のない仕事や組織に所属しても意味がないのは自明ですので、まっとうな判断力のある人間であれば、そのようなことをしないものですが、やはり不合格になる、失敗するということへの抵抗感が強い人ほど回答がゆがむ傾向にあることは知っておく必要があります。本来であれば、ニュートラルな状態での回答環境を用意することが必要でしょう。

例えば新卒採用の場合、大学3年生時の結果を活用しますが、大学入学時くらいの就職活動前の結果のほうが適切と言えます。更に言えば、企業別に受けさせるのではなく、共通センターのようなものをつくり、同じ結果を各企業が閲覧できるような仕組みのほうが望ましいと言えます（あくまで理想論というのは理解しています）。

次に、**パーソナリティや適性検査を回答しただけで、コンピテンシー結果が測定できるという喧《けん》伝《でん》もよく見られますが、これは厳密に言えば（元々マクレランド教授が提唱していた）コンピテンシーではないことに注意する必要がある**でしょう。前述したように、コンピテンシーはあくまで顕在化したものです。パーソナリティの傾向から予測するコンピテンシーは、潜在的な行動可能性を示しているに過ぎない点に注意が必要です。

少し理屈っぽく言いますと、具体的な状況の中で、課題を解決し、成果創出につながった核となる実際の具体的な思考・行動特性に基づいて、第三者によって客観的に測定された根拠のあるコンピテンシーが本来のコンピテンシーとするならば、パーソナリティ検査で測定・予測されているコンピテンシーは、当人の性格的な傾向から、状況を問わずに、発揮が予測される思考・行動特性の可能性であり、具体的な客観的根拠がある訳ではない、主観的な回答から推測したコンピテンシーであることを理解しておく必要があります。

３点目の限界と関係しますが、むしろ当人が「自分はこうありたい」「自分という人間をこう認識している結果である」と素直に捉えたほうがよいのです。そういう意味では、「To-be（ありたい姿）コンピテンシー」とも言えるかもしれません。勿論、To-beを持っておくことは成長を予測する上で重要です。こうなりたいという姿がなければ、そのような姿にはいつまでたってもたどり着けませんので……。ただ、そのようなTo-beの姿に対して、現在の当人がどのレベルまで近づいているかというのは、パーソナリティ検査だけでは測定できないのです。

このように、能力を測定する際にはどの能力要素を測定しているのか、そのための手法は何なのか、その手法の効用と限界はどこにあるのかをしっかり把握しておく必要があります。そして、それらを理解した上で、主要な能力測定方法を一つ、サブとなる補完的な能力測定方法を一つ、といった感じで複数のツール・目線で評価するのが理想とも言えます。

能力評価の目的を、当該人財が持つ能力資源を適切に可視化・見える化し、効果的な能力開発・配置・登用につなげることで、組織における持続的な成果創出に寄与することと定義づけるならば、**最も重要な測定対象は、顕在能力であるコンピテンシーであると考えています（勿論パーソナリティも重要な要素だとは考えますが、あくまで補完的なものであると我々は考えています）。**

これは元々の研究で、同じような潜在能力・パーソナリティ（適性）を持っているにも関わらず、成果の大きさが異なるのはなぜなのか？　という問いから提唱された概念がコンピテンシーであったことからもわかるように、将来における成果創出が予測しやすいという特徴を持っていると考えているからです。このコンピテンシーを人手で測定するためのポイントは何なのか、それをマシンで代用する際に気をつけるべき点が何なのかについては後述したいと思います。

Column

パーソナリティ検査に納得できない人々

1

本編ではパーソナリティ検査の効用と限界について触れました。使い方によっては、とても効果的な検査ですが、どれほど優れた検査であっても、やはり受け手側の問題というのはあります。

以前、ある次期社長候補の方にパーソナリティ検査を実施して、フィードバックした際のことです。「納得できないから、もう一度受けさせてほしい」という話がありました。曰く、「自分はオープンな人間だと思うのだが、『猜疑心が強い』という結果が出ているのは大変に心外である。本当にこの調査は信頼性があるものなのか？」ということでした。結局3回ほど受けたあと、ようやく「オープンなリーダーである」という結果が出ました。

さて、私はフィードバック提供者として、結果を返すだけで良いのでしょうか。とてもそうは思えません。この会社のことを考えても、対象者の組織・部下のことを考えても、このまま「オープンなリーダーであるという結果が出て良かったですね」では終われません。半日ほど思案した後、良い作戦を思いつきました。当人に結果を返す日がやってきて、まず私は結果の説明を淡々としました。当人も満足そうです。そして20分ほど経過した頃に、意を決し私は告げたのです。「実は、この検査の結果自体はどうでもいいのです。そして、残念ながらXさんの『猜疑心が強い』という傾向に間違いはありません」と。

「なぜ、今更そんなことを言うのか」と言うXさんに、「3回も『受けさせて欲しい』という、その行動自体が猜疑心の強い証拠だからです」と告げました。Xさんはしばらく絶句され放心していましたが、「3回も受けたことで検査への理解は深まったという良い点もあったはずです。『疑う心＝悪い』ではありません。でも、部下に同じようにマネジメントすると『信用されていない』と感じると思います」といった説明が腑に落ちたようで、最後は納得されました。

私は、本人にお伝えした時の顔が今でも忘れられません。そういう意味では、「パーソナリティ検査を受ける」「フィードバックを受ける」「行動をあらためるという一連のプロセスの中に、その方のパーソナリティの本質が垣間見える」とも言えます。なお、後日談ですが、Xさんはその後の努力もあり、良いリーダーとして成長されているようです。いささかショック療法的ではありましたが、3回も受けた甲斐はあったのかもしれません。

(イ) 機械化の技術的バックボーン

顕在能力であるコンピテンシーをマシンで測定するために、技術的には大きく言えば二つの選択肢がありました。一つがディープラーニング技術の適用、もう一つが自然言語処理と機械学習の組み合わせです。技術的に先進性が高いのは、ご存知のようにディープラーニング技術です（そして大量のデータさえあれば、精度はどうあれ簡単にそれらしい仕組みがつくれてしまいます）。

細かな技術的詳細は省きますが、我々は自然言語処理を中心として（一部開発段階で機械学習を検証用として使う）開発しました。なぜなら、「人間の能力評価の情報処理プロセスを再現するという目的に合致する技術が自然言語処理である」という理由からです。前述した、評価力のあるマシンと評価力のないマシンが区別・検証できないのです。

「あなたはA評価です」「なぜならば、先進的ＡＩによる計算結果上そうなるからです」というのは、ディストピア（機械が人間を支配する世界）を想起してしまいますし、実際に欧米では人の採用・評価等を判断する際にディープラーニング技術を適用するべきではないという指針が出る動きもあるようです。

またこのようなアプローチでは、**結局過去のその組織における成功例を超えた人材の能力を測定するのが極めて難しい**ことが容易に予測できたからです。企業や組織の戦略やライフサイクル、外部環境によって求める人材像も大きく変わるでしょう。そのような状況で過去データを学習した学習器による能力分類というのが、金太郎飴《あめ》的な組織や均質化した社会を招きそうな危惧もありました。

我々は、人が行うコンピテンシー・インタビューと同じように、マシンアセスメントにおいても、説明可能な形を目指しました。これは具体的に言えば、

・この人は情報収集行動というコンピテンシーが特徴的な強みとしてある
・なぜそのようなことが言えるかと言えば、このような状況での課題解決プロセスにＸＸという行動が出現していたからだ
・また他の状況・場面でも同様の行動が出ていた

ということを実現したい訳です。これが、

・この人は情報収集行動力が高い
・理由は機械を信用してください
・どのデータが根拠になったかは分かりません

では困る訳です。

将来的にディープラーニング技術が発達し、説明する可能性が増すようなことがあれば技術的適用を考えたいと思いますが、現状では難しいと考えています。また通常ディープラーニングや（自然言語処理を伴わない）機械学習は、事前に自社の過去データの事前学習を必要としますが、自然言語処理によるマシンアセスメントは、ルールベースのアルゴリズムなので事前学習を必要とせずに、すぐに活用できるというのも大きなポイントです。

②マシンアセスメントが目指したもの

(ア) 人間が行う能力評価方法に限りなく近づける

マシンアセスメントは、人間が行う専門家の能力評価方法に限りなく近づけることを意図して開発されました。では、顕在能力を測定するコンピテンシー・インタビューとはどのような手法なのでしょうか。その前に、まずコンピテンシーの特徴を述べておきましょう。

コンピテンシーの特徴は五つあります。

・行動として観察可能であること

・観察結果を言語化可能であること
・明確な言語化された行動は、極めて高い確率で再現可能であること
・未知の状況の中における行動を、ある程度予測可能であること
・言語化された内容をもとに当人以外の他者が学習・模倣が可能であること

また、コンピテンシーが出現しやすい状況・事例が存在し、これがコンピテンシーを抽出するためのヒントになります。

・困難な環境・状況に置かれた場合
・当人が自発的・積極的に力を入れて取り組んだ課題・テーマがあった場合
・当人にとって、新しい・未知の役割にチャレンジした場合

コンピテンシー・インタビューという手法は、具体的な課題・テーマを特定し、その中で当人が具体的に考え、行動したことを丹念に情報収集し、その結果を分析・判断することで当人の勝ちパターンや負けパターンを分析するものとも言えます。

一般的なインタビューの流れとしては**図6**のようになります。

図6　コンピテンシー・インタビューとその分析対象の整理

一般的なインタビューの流れと分析

インタビューによる情報収集の流れ

過去X年間の間で最も力を入れて取り組んだ事例を教えてください

その事例に取り組んだ際の役割・状況・背景について教えてください

具体的にどのようなアプローチで解決したのかを教えてください

特に難しかった点、意識した点について教えてください

その難しかった点をどのように乗り越えたか教えてください

そのアプローチはどのように思いついたのですか

様々なオプションがある中で、なぜその案を選んだのですか

・・・・・

最終的に結果・状況にどのような変化が生じましたか

主な分析対象

1. 成果創出の鍵となる行動はどの行動か、更にその行動は、どのようなコンピテンシーに分類されるか（分類）
2. 頻繁に出現している当人の特徴は何か（集計）
3. 通常この状況だと発揮されるべきだが、実際は発揮されていない行動は何か、世間一般のハイパフォーマーとの比較はどうなっているか（洞察・判断）
4. どうすれば更に成長できるかの仮説は何か（活用）

これを整理すると、結局人間が行うコンピテンシー・インタビューというのは、以下のステップに分かれていることがわかります。

１：情報収集
２：情報分類・分析
３：結果の集計
４：洞察・判断・活用

こうなると実は、インタビューステップの1～3は機械のほうが得意なことがわかります。機械は人間と違って話を聞き漏《も》らすことや情報の抜け漏れといったことは起こりません。与えられた情報を誠実に正確に処理します。

このようにマシンアセスメントは、専門家が行っているコンピテンシー・インタビュー手法の流れを忠実に再現・ロジック化したものなのです。意味不明な得体の知れない仕組みではないということです。

(イ) アセスメント専門家のノウハウを機械に入れ込む

コンピテンシー・インタビューのアセスメント専門家のノウハウを機械に覚えさせることで、専門家であっても得意・不得意があるところを補填《ほてん》し、この部分については人間の専門家を超えることを目指しました。例えば、アセスメント専門家のノウハウとして最も大きいものは、顕在能力であるコンピテンシーの分類能力があります。インタビュー対象者の行動情報を確認した際に、この行動は顧客志向行動にあたるのか、情報収集行動にあたるのか、戦略的思考にあたるのかといった能力項目に分類することで特徴を抽出します。

通常、人間の専門家はこれを数百名のインタビュー経験を通じて徐々に習得していくのですが、過去数万人、新人から役員クラスまでの思考・行動パターンを一気に機械に覚えさせました。これによって、**一人の専門家の知見を超えた、専門家集団の大量の知見をルール化したこと**になります。

実際に、我々も現在も人手による専門家としてのインタビューをお客様からの依頼に基づいて実施しています。しかし、そのインタビューメモを以前は自力で分析・分類していましたが、現在はまずは機械に読ませて、その結果を確認するようにしています。驚くべきことに、**専門家としての我々が気づかなかったコンピテンシーを機械が抽出していることも珍しくありません。これは10年以上の経験を持つ専門家である我々にとっても衝撃の出来事でした。**

実際に我々が開発したマシンアセスメントは、**図7**に示すように33種類ものコンピテンシーを同

図7 マシンアセスメントが測定可能なコンピテンシー

	コンピテンシー	略語	定義
PLAN	情報収集行動	INF	必要な情報を特定し、収集する
	分析行動	ALY	情報を適切に分類・整理し、構造や本質を把握する
	洞察	INS	変化の兆候を察知したり、俯瞰した視点で洞察する
	仮説志向	KS	情報が不足している状況であっても、仮の案や仮説を持つ
	問題解決行動	PS	問題の解決につながる課題を特定し、最適な解決策を選択する
	創造性	CRE	既存の制約に捉われず、創造的なアイデアやコンセプトを生み出す
	改善行動	INV	業務の生産性や品質を画期的に向上させるための改革・改善を行う
	ビジョン設定行動	VIS	将来到達すべき理想的なビジョンやゴールを描く
	戦略思考力	STR	競争優位のある独自の戦略を構築する
	意思決定行動	DEC	影響範囲を見極め、選択肢を吟味の上で最適な意思決定・決断を行う
	計画行動	PLN	プロジェクトが円滑に進むよう、計画を立て、タスク・メンバー・進捗等をマネジメントする
	組織構築行動	ORD	戦略やビジョン・ゴール実現のために最適な組織を設計・構築する
DO	達成行動	ACH	困難に直面しても、粘り強く挑戦し、最後までやり遂げる
	自律行動	AUT	指示がなくとも、主体的・自律的に率先して動く
	伝達行動	CMN	対象に応じた最適なコミュニケーションを行う
	組織運営	ORG	組織の状態を把握した上で、必要な問題への対処・介入を行い、組織を統率する
	動機づけ行動	MOV	報酬・褒賞や様々なインセンティブを使いながら、他者を動機づけする
	対人影響行動	IMP	他者の考え方・意思決定や行動に影響を与え、動かす
	関係構築行動	REL	他者と良好な関係性や人脈・ネットワークを構築する
	場づくり行動	EVM	働きやすい風土や環境づくりを行う
	顧客志向行動	CS	顧客の視点で考え、顧客のニーズを深く理解する
	組織感覚	OGS	非公式の関係性、組織力学、組織内の微細な変化等を把握して、物事に対応する
	交渉行動	NGO	利害が相反する交渉において、押すべきは押し、引くべきは引くことで、合理的な決着につなげる
	チームワーク	TW	円滑なチームワークのため、他者と協力・協働したり、チームをまとめる
	人材管理	HRM	人材の採用・配置・育成・評価・登用などの人材マネジメントを行う
	ダイバーシティ対応	D-M	多様性を活かす
SEE	確認行動	CHK	徹底的に確認・検証を行い、ミス・エラーを事前に発見する
	学習	LER	自らを研鑽し高める努力を通じて、成長し続ける
	柔軟性	ADJ	状況に応じて柔軟に対応する
	執拗さ	PER	批判にも負けず、自らの考えや信念を貫き通す
	自己管理	SCL	自身の感情や気持ちの変化を自覚し、コントロールする
	論理思考	LOG	論理的に考え、推論する
	EQ	EQ	他者の気持ち・感情を理解する

時に測定します。これは熟達した専門家であっても非常に難しいことです。マジックナンバー7という言葉があるように、七つくらいのコンピテンシーを軸にして評価することが通常です。それ以上になると専門家といえども、処理能力を超えてしまうからです。機械には処理・分類能力の限界がないとも言えます。

また我々は33種類という軸の多さにもこだわりました。軸の数が少ない状態での定量化は、画一化を招くため危険だからです。定量化・デジタル化する際に陥りやすい落とし穴が単純化の罠であるからです。**実際にコンピテンシー・インタビューの優れた専門家とそうでない専門家を分けるのは、思考・評価軸の網の目の細かさにある**という点も大いに関係しています。ノウハウを機械化したことで、**専門家一人ひとりの暗黙知が、過去の専門家集団の集合知へと昇華された**とも言えます。そして、それは専門家がいなくなっても知見が劣化しないということを意味します。

③マシンアセスメントが実現したこと

(ア) 評価情報のデジタル化による様々なデータ加工

特定のエピソードから抽出した対象者のコンピテンシーを、33種類もの軸でスコア化することで、定量的にデジタル化されたデータベースが完成します。データベースの活用イメージ図（**図8**）を

図8　評価情報のデジタル化と活用イメージ

データベースの活用イメージ図

年月・属性情報				コンピテンシー（種類別スコア、総合スコア、タイプ、実事例）情報								
年月	ID	所属	等級	事例	型	総合	総合S	INF	ACH	CRE	TW	…
2017/01	000001	HR	G1		A	Low	2.5	3	3	1	3	
2017/01	000002	Sales	G3		B	High	4.3	4	4	5	2	
2018/01	000001	HR	G2		A	Middle	3.5	3	3	1	4	
…	…	…	…	..	..	…		…	…	…	…	…

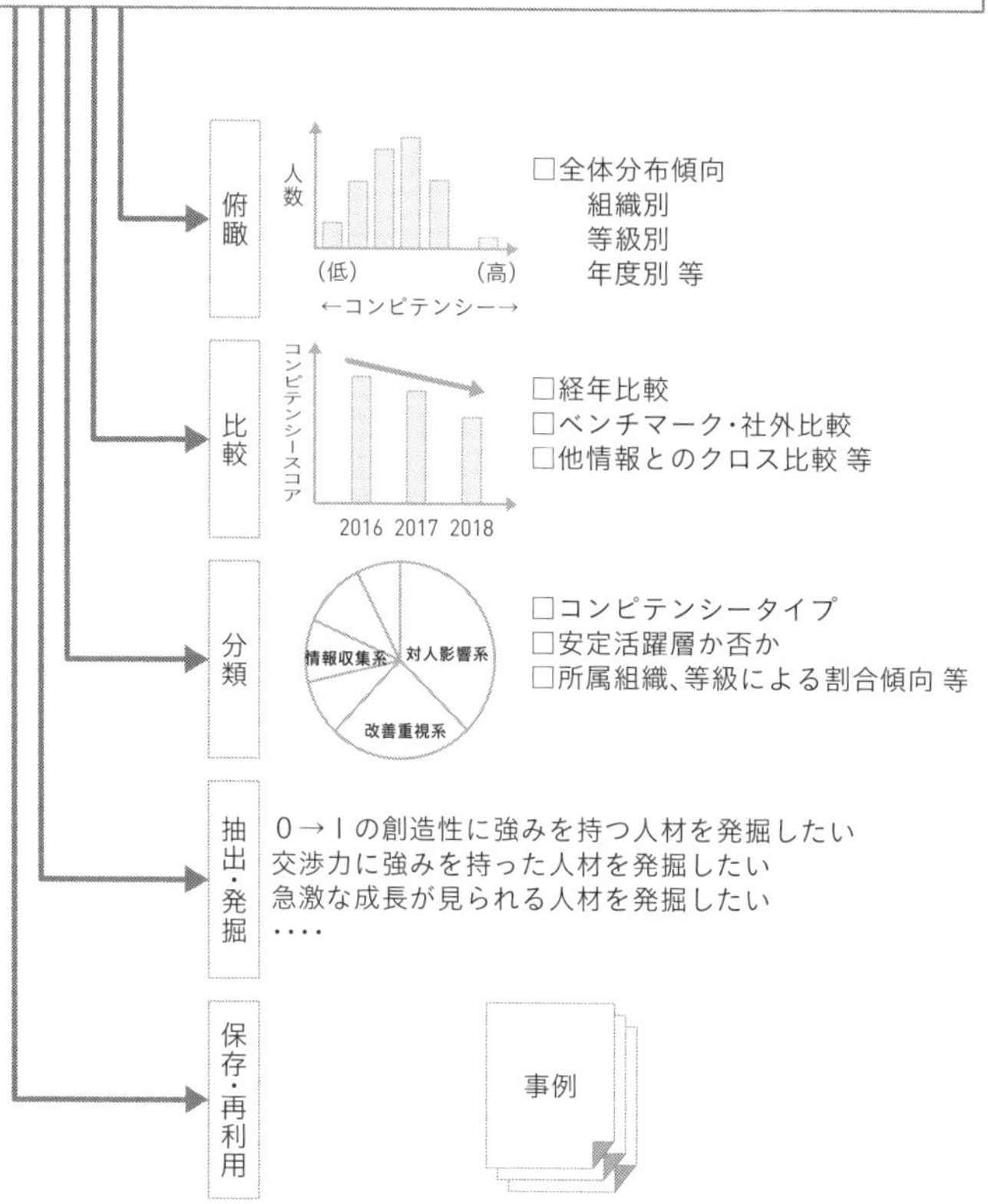

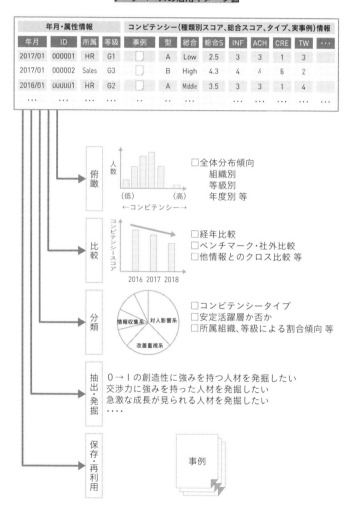

ご覧ください。

詳細は次章以降の具体的な人事業務革新編に譲りますが、デジタル情報化したコンピテンシーデータは、以下のようなことが可能になります（図9）。

1：俯瞰《ふかん》
2：比較
3：分類（グルーピング）
4：抽出・発掘
5：保存・再利用

図9 これからの人事業務の発展

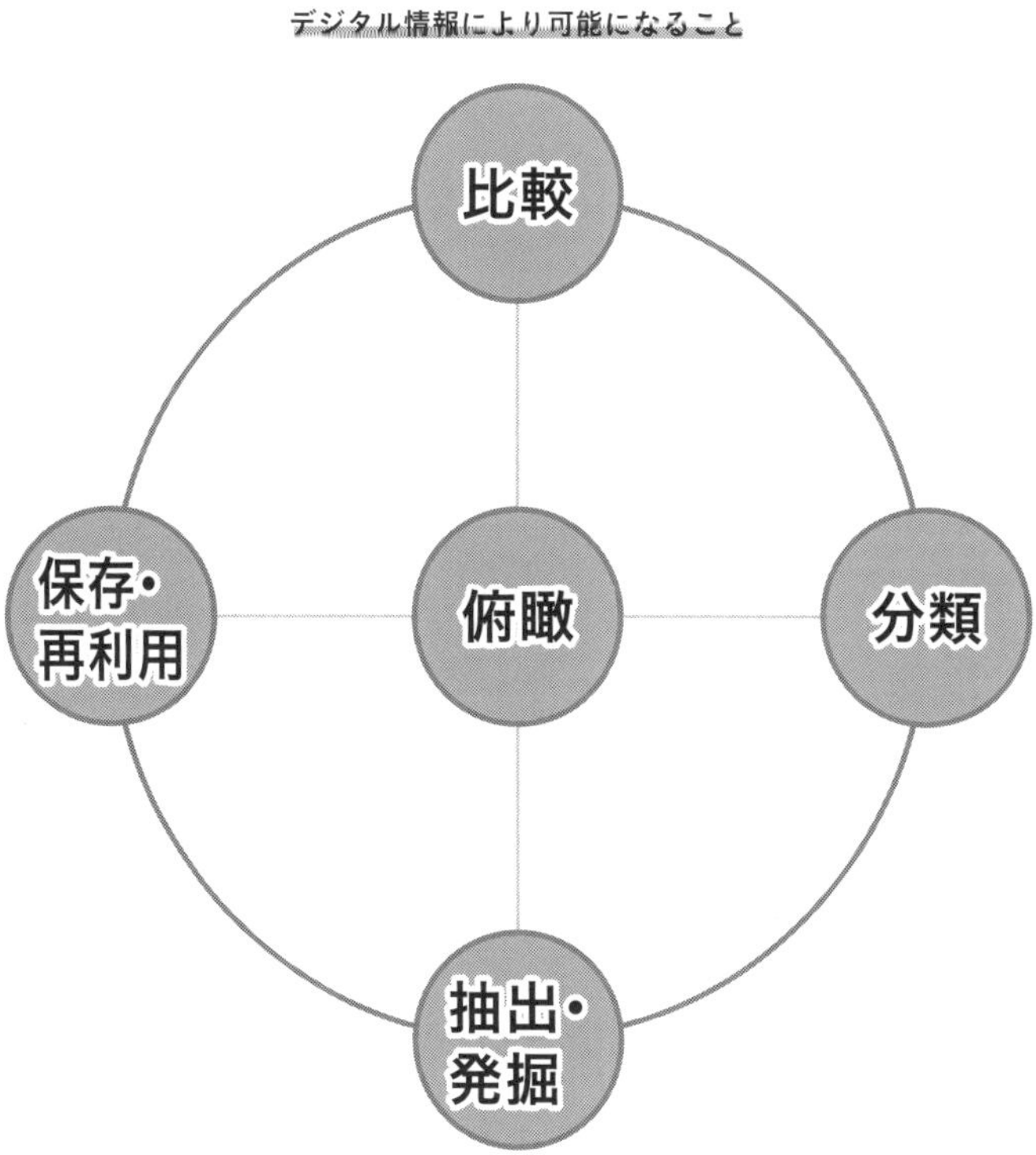

俯瞰：人事は鳥瞰図《ちょうかんず》を手に入れる

これまで見ることができなかった、組織全体のコンピテンシー的な鳥瞰図によって全体像を把握することが可能になります。地図のない荒野で無策に人事施策を検討するのではなく、より効果的かつ優先度の高い人事施策の企画が可能になります。例えば、「同じ課長層でも能力的な力量差が随分あるな」と感覚的に感じていたとしても、具体的にどの程度なのかを表現するのは非常に難しいでしょう。しかし、デジタル化されたデータベースがあることで、母集団の分布傾向や特性を把握することができます。例えば、課長層はコンピテンシー的には、「上位層：中位層：下位層」の割合が、「33％：33％：33％」の平均的な分布傾向にあるのか、そうではなく、「40％：20％：40％」の二極化傾向にあるのかで、打つべき人事施策は大きく異なりそうです。

比較：人事は時間を跳躍した比較が可能となる

データ化することで、これまでフローとして活用されていなかったデータがストック情報になります。ストックされるということは、過去との比較や改善度合いの効果測定、ベンチマーク化等が可能になるということになります。自組織の人材の質が経年的に悪化していた場合、より早期に手を打つことが可能になるでしょう。また、これまで人事部内や自社のタレントマネジメントシステムに蓄積されたデータとクロス比較することで、重要な意味合いを発見することも可能になります。

分類：人事は個別・カスタマイズ性の高い人事企画が可能となる

母集団をクラスター化（グループ化）することで、自組織におけるコンピテンシー特徴の個別性を把握することができます。例えば、これまでは一律に一斉に提供していた研修プログラムをより効果の高い層に重点的に投入し、費用対効果の高い人事施策の検討が可能になります。

抽出・発掘：人事は発掘（マイニング）能力を獲得する

デジタル化することで、例えば次世代リーダーの候補人材を大量の候補者の中から発掘することができます。これまでは、上司の推薦のみで次世代リーダープールをつくっていた組織の場合、「本当に有望な人材が埋没してしまっていないか」は人事の長年の懸念事項でした。デジタル化することで、隠れた人材の発掘や当たりをつけることがより容易になります。

保存・再利用：人事は蓄積能力を獲得する

また、特定のコンピテンシーが高い個人を特定することで、その個人が具体的に発揮しているハイパフォーマー行動（高コンピテンシー者特有の具体的課題解決行動）をナレッジ・データベース化やライブラリー化することで、組織の共有知見とすることも可能になります。これまでは、ハイパフォーマーが退職・転職してしまえば失われていた知見を、保存・再利用することが可能になるのです。

デジタル化されたコンピテンシー情報を活用することで、今後は人事機能がより高度化・企画色の強いものに変わっていくでしょう。

(イ) 人のバイアスによらない、機械による均一な評価

人間が人間を評価しようとした際、必ずバイアスが生じます。皆さんも身に覚えがあることかと思います。そして、それを調整するための評価者会議や目線合わせが行われます。しかし、ご存知のようにこの目線合わせは「声の大きさ」に左右されたり、「好き嫌い」に左右されたりします。マシンのいいところは、**「一切、権力が通用しないこと」**です。更には、同じ評価者（マシン）が10人、100人、1000人、1万人に増えようとも、同じ目線でブレなく評価していることです。そして、当たり前ですが疲れません。

(ウ) 大量データを高速処理

データ処理スピードでは、人間はマシンに絶対に勝てません。**図10**をご覧ください。これはコンピテンシー・インタビューを行ってから、実際にレポートを作成するまでに必要となる最低限の時

図10　圧倒的な人事業務の生産性向上

人とマシンの比較（1000名で約1万倍の差）

	人			マシン		
	1名	100名	1000名	1名	100名	1000名
インタビューの実施	1h	100h	1000h	（実施しない） セットアップに1h程度		
内容の分析	0.5h	50h	500h			
内容の分類・集計	0.5h	50h	500h	分析と合わせて 2.0s	3.0m	0.5h
レポートの作成	0.5h	50h	500h	※簡易レポートのため、純粋にapple to apple の比較ではない2.0s 2.0s	3.0m	0.5h
Total	2.5h	250h	**2500h**	1h4s	1h6m	**2h**

h：時間　m：分　s：秒

間です。比較してみると一目瞭然です。

人間であれば、1時間分のインタビュー・メモを読み込んで、コンピテンシーを抽出するのに30分、そこから分類・集計するのに30分、レポート形式に仕上げるのに30分と、最低90分は必要です。機械であれば、この最初の抽出・分類・集計を2秒程度で行います。5400秒の処理が2秒になる訳ですから、とんでもないスピードです。1名あたりでこの差があるのですから、これが100名、1000名、1万名になった場合はどうなるかは自明でしょう。

3. 人間と機械はどう共存してゆくのか

①マシンアセスメントの限界

ここまでマシンアセスメントの効用のみを説明してきましたが、冒頭に示したようにその限界・制約条件についても十分に考察しておく必要があります。まず、マシンアセスメントが近づけようとしている専門家・人間によるコンピテンシー・インタビューによる能力評価手法が、そもそも持っている限界について検討する必要があります（すでに検討した肉体的疲労や高価な費用といった側面は除きます）。これは、以下の3点に集約されます。

1：第三者の評判情報は分からない
2：完璧な虚偽申告は見抜くことができない
3：言語化されていない情報は評価できない

1は、当然ながら当人のエピソードを深く確認することになるので、実際に当人が効果的だと思ってとった行動が周囲にどう受け取られているのかまでは分かりません。これは、補完的に360度調査等で確認する必要があります。

2は、別の人間が行った成果事例エピソードをご自身があたかも実現したかのように虚偽申告された場合、見抜くのが非常に難しいことがあります。ある種の完璧な一流詐欺師なのですが、この場合は社内の評判や360度調査の結果と乖離《かいり》していることがあるので、結果的に判明することがあります。

3は、実際にインタビューでよくあるのですが、自分がやったことや工夫したことを話さない人です。話さない限りは、残念ながら評価がそもそもできないということがあります。このような方の中に、ときおり所謂「仕事ができる人」がいます。しかし、この方の成長は頭打ちになることが多いのです。自身の経験やノウハウを言語化できないということは、自分一人では成果を出すことはできますが、他者（周囲や部下）を活用して成果を出すのが苦手であるという可能性が大きいためです。

人の能力評価手法に限りなく近づけようとしているマシンアセスメントですが、上述の点に加え、マシンアセスメントに特有の限界として、以下の点があると考えています。

４：倫理観の判断
５：高すぎる再現性
６：役割・難易度判断の難しさ
７：高度な戦略的判断はできない

倫理観の判断：マシンに善悪の判断を教えることは難しい

例えば、学生のエントリーシートで実際の事例であったのが、非倫理的な振る舞いにも関わらず高いコンピテンシーを発揮している学生を、コンピテンシーが高い人材として抽出してしまうことです。この学生は定期試験対策として、カンニングまがいの行為をして好成績を取得することに成功しているのですが、その過程で情報収集力や他者の巻き込み、分析活動といった多様なコンピテンシー行動を発揮していました。

このような非倫理的な振る舞いは、人間が観察すれば即アウトですが、残念ながらマシンにはこの判断ができません。ただし、スコアが高すぎた場合は、後ほど人がチェックすることでこのような人が選ばれることを防ぐことができますが、これはマシンが持つ特有の限界の一つと言えるでしょう。

高すぎる再現性：同じデータであれば同じ結果

当然ですが、マシンは人と違って正確です。人であれば、たとえ専門性が高い人でも、同じインタビュー・メモを見せて判断させた場合、多少のブレが生じるでしょう。しかし、マシンは同じ情報のインプットに対して、常に同じアウトプット結果を出します。これはどういうことかと言えば、コピー&ペーストした内容であっても、同じ結果として判断してしまうことになるからです。学生のエントリーシートで、力を入れて取り組んだ事例を記載させ、そこからコンピテンシーを抽出しようとした場合、同じ内容であれば同じ結果になります。

これは大きなデメリットなのですが、それほど大きな脅威ではありません。同じ結果になるということは、それを特定してしまえばいいのです。このコピペ疑いのある人間を、テクノロジーを使って一気に炙《あぶ》り出す機能も完成しています。また採用案内時に、将来入社後であってもコピペが判明した場合は、「採用を取り消すことがある」と事前警告しておけばいいのです。実際、とある企業では毎年数千人がエントリーしていますが、この警告によってコピペは一気に減少しました。またインタビューと違い、マシンアセスメントは**証拠が未来永劫残ります**。虚偽申告をすることは、企業内においては評判情報を落とすことになるので、実は長期的には不利になる、ということをしっかり理解させておけば大丈夫でしょう。

役割・難易度判定の難しさ：自明の情報・常識が機械には理解できない

例えば、Aさんは多様で規模も大きな組織を率いているとしましょう。Bさんは、均質的で規模も小さな組織を率いているとします。こういった状況で人間の専門家であれば、Aさんの組織マネジメント能力や部下育成力発揮の前提が、Bさんより難しそうだということは特に説明されなくても判断できます。すなわち、状況の難しさを勘案しながらコンピテンシーを測定することが可能になるということです。残念ながら、現在のマシンアセスメントは純粋にコンピテンシーを抽出することに特化しているので、この判断ができません。しかし、この点は他のアセスメント情報、例えば職務評価情報等で代替可能になると思われます。また、同じような難易度の職務者をまとめて比較するなど、運用面で十分対応可能な課題と思われます。

高度な戦略判断はできない

最後に、マシンは高度な戦略的判断はできません。例えば、ある人材がAというコンピテンシーが強い、Bというコンピテンシーが弱いという結果が出た際に、組織が置かれた状況、人材パイプライン、その他の諸条件を勘案して、弱みであるBというコンピテンシーを伸ばすように育成・成長プランを立てるのか、それとも弱みであるBは放置して、Aの強みが活きる職務・役割を任せるのか、といった判断はできません。マシンができるのは、あくまで現状の可視化の部分までです。

勿論、無理やりプログラミングをしてロジック化して推薦案を作成するようなことは可能でしょう。しかし、それは非常に固定的な決まりごとを仕組み化したに過ぎず、組織の機動性・戦略性を損ねてしまう可能性があります。

②マシンアセスメントと上司や人事との役割分担

マシンアセスメント（機械）は、情報の集中的な収集・分類が得意です。よって、得意な分野は機械に任せてしまい、上司や人事は出てきたアウトプットを元に、より高度な人材施策に取り組むのが理想でしょう。イメージとしては、機械に全てを任せるのではなく、機械を活用して取り組みの発射点を上げるのです。またマシンができないことを先ほど触れましたが、ここに人間が付加価値を生み出すスペースがあります。

図11に見るように、現在は人（人事部や上司含めて）が情報収集と分析に時間を使いすぎており、本来付加価値を生むコミュニケーションや戦略的判断、テーマ設定といった領域に時間を費やせていません。今後はマシンをうまく活用して、人とマシンのベストミックスな解を組織ごとに見つけていく必要があるでしょう。

図11 ヒトならではの戦略的判断やコミュニケーションに注力

マシンと人の役割分担

人材の能力可視化・活用のための実施事項	マシン	人
情報収集	◎	×〜△
情報分析・分類・保存・抽出/検索	◎	×〜△
洞察・戦略的判断	×	◎
倫理的判断	×	◎
テーマ・目標設定	×	◎
コミュニケーション	△	◎
動機づけ・勇気づけ	×	◎

現在は、人がこの領域に時間を割きすぎて、
戦略的判断や他の必要領域に時間が使えていない

Column

とあるデータサイエンティストの悲劇

データサイエンティストへの需要が高まっています。人事の世界でも同様の傾向があるようです。先日、ある人事役員と会食した時のことです。「大枚を叩いてデータサイエンティストを雇用したのだが、全然成果を出さない。困った」ということでした。よくよく話を聞いてみると、この人事役員は、自社に蓄積された大量の人事データ（20年分だそうです）をデータサイエンティストに与えれば、魔法のように結果が出ると信じていたそうです。

折しも、その会社では新規事業ビジネスを立ち上げることが会社の命運を握ると言われており、数万人の社員データからそれを任せるにふさわしい人材を発掘したいというニーズがあったとのこと。すべての人事データを苦労して集め、データサイエンティストに与えたが無理だったということでした。

興味もあったので、「どのようなデータを与えたのですか？」と聞いてみると、学歴、異動歴、昇進スピード、目標達成率、年齢、顔写真、家族構成等といった、イノベーションや新規事業創造に必要なコンピテンシーを持った人材を発掘するためのデータとしては、正直不十分なデータばかりでした。気になったので、「何か仮説はあるのですか？」と聞いたところ、「ビッグデータから何かインサイトが出ると期待している」とのこと。

私は大変失礼とは知りながら、「私の仮説では、御社で過去に新規事業やイノベーションを起こした人は目標達成率も低く、昇進スピードも遅い辺境人材の可能性がある。また、御社の特徴を考えると、個人でイノベーションを起こしたという感じではなく、チーム・組織の相互作用でイノベーションが起きた可能性が高い」などの説明をした上で、「いくら凄腕の料理人でも玉ねぎと人参だけではカレーは作れない。その状態で、『カレーが欲しい』と言っているようにしか見えない」と、お伝えしました。

コンピューターサイエンスの用語に「Garbage in garbage out（ゴミデータを入れても、ゴミしか出ない）」というものがありますが、まさに、その典型例と言えます。有名な『データサイエンス・ベン図』によると、データサイエンティストには「1：ハッキングスキル」「2：数学と統計学の知識」「3：実質的な専門知識」が必要と言われていますが、今回は3の人事仮説が不十分だったのでしょう。

2

第3章

デジタル化による人事業務革新「採用編」

1. デジタル化により採用業務でできること

本章以降は、具体的な人材マネジメントの領域別に、新たなデジタル人事の世界を紹介したいと思います。なお、能力評価（顕在能力であるコンピテンシー）のデジタル化が人事業務に革新を起こすとお伝えしてきました。**本章以降の説明においては、弊社が開発したマシンアセスメントでの分析例を中心に説明していますが、ご了承ください。同等の機能を有する他のツールがあれば、そちらを念頭に読んでいただいても、活用・応用できる内容になっています。**

採用領域におけるデジタル化には二段階の流れがあります。すなわち、経歴・学歴といった属性情報や潜在能力データ（ＩＱ、パーソナリティ・適性検査）のデジタル化が第一段階、我々が今後重要になると考えているのは顕在能力データ（コンピテンシー）のデジタル化であり、これが第二段階です。

学生と異なり、社会人の場合「能力評価結果なら人事データベースに格納されているよ」という声もありますが、残念ながらそのデータは我々が考える能力データではありません。ノイズが大きすぎるデータだからです。能力評価には上司のバイアス、中心化傾向や昇格タイミングに配慮した政治的バイアスといったノイズが含まれており、本当の意味でその方の能力特徴と強度を示してい

表１　採用業務の「これまで」と「これから」

これまで	これから
自社に欲しい人材に逃げられてしまい、対応が後手に回る	他社より早くハイパフォーマーを発掘して、先手をとれる
中途採用で素晴らしい経歴・学歴に目がくらんだが、面接あるいは入社後に期待外れに終わり徒労感をにじませる	経歴・学歴に惑わされず、期待外れを事前に発見でき、入社後のパフォーマンス・課題を予測できる
苦労して採用した人材が、入社後３～４カ月でメンタルに問題を抱え退職してしまう	学生の潜在・顕在能力の傾向から、当該学生のメンタル問題のトリガーになる候補要因を抽出し、早期に対策が可能となる
色々と手を打つのだが、構造化面接が難しく、採用面接官の面接力・評価力がなかなか向上しない	事前の顕在能力（コンピテンシー）診断によって構造化面接の敷居が下がり、採用面接官の面接力・評価力が向上する
自社の採用力が向上しているか否か、母集団形成に成功しているのか否かの検証が部分的にしかできない	母集団の傾向を分析し、経年比較、他社比較を行い、採用力の検証・ＰＤＣＡサイクルをまわすことが可能となる
自社の将来戦略や人材ビジョンがお題目に終わり、結局似たような同質的な人材を採用してしまうことで、自社の同質性を加速させてしまう	意図的に将来戦略の実現や人材ビジョンに基づいた人材タイプを見極め採用することが可能となり、採用時点における深層的多様性（ダイバーシティ）＊を実現できる
採用時期の人事業務量に圧倒され、オペレーションや単純業務に忙殺され、人事パーソンとしての能力・スキルが向上しない	採用時期の人事業務量が劇的に減少することで、人事パーソンがより戦略的・企画的業務にシフトできるようになる（結果的に採用業務を通じた能力・スキルが向上する）

＊深層的多様性（ダイバーシティ）とは、ジェンダーや属性といった表面的な違いではなく、イノベーションを創出するためには、コンピテンシーをはじめとしたより深いレベルでの多様性が必要だという考え方（簡単に言えば、得意技が同じ集団ではなく、各々の得意なことが異なる集団というイメージ）

ないことが多いのです。ダイレクトに成果・行動事例から抽出したコンピテンシー情報こそ、我々は顕在能力であるコンピテンシーのデータであると考えています。

顕在能力データのデジタル化によって、これまでとこれからで何が違うのか、何ができるようになるのかを概観してみましょう。それでは、具体的にいくつかのポイントについて詳しく見ていきます。

①売り手市場で、他社より早くハイパフォーマーを見つけることができる!

2019年現在、日本の人口は減り続けています。構造的人口減少社会においては〝人不足〟というのは不可避の課題でしょう。新卒採用においても、一括採用から通年採用、大卒採用だけではなく高卒採用といった形で採用方法も変化しつつあります。

急激な人口増要因がない限り、量的不足傾向が続くのは今後も間違いありません。そうなると重要になってくるのは、人材の質です。すなわち量が確保できないならば、せめて能力（コンピテンシー）のある人材を採用できるか否かが、その企業の採用力、人材力に大きな影響を与えるでしょう。

図1をご覧ください。これはある企業にエントリーした3000人のエントリーシートを解析し、

入社後にコンピテンシーを発揮する可能性が高い学生からそうでない学生を度数分布表（ヒストグラム）にしたものです。この企業の採用予定数は３００名です。上位グループの30名の明らかなハイスコア者は、学生とは思えないレベルでコンピテンシーを発揮していることが、文章を読むだけで一目瞭然でした。このスコア帯に属している学生は、一律の採用プロセスに乗せるのではなく早期に発掘し、フィット感があれば早期に囲い込むべき学生と言えます。

このように、売り手市場の中にあっても早期にハイパフォーマーを見つけることができます。

この順位づけはスコア化されていれば、既存のＳＰＩや適性検査でも可能です。しかしＩＱやパーソナリティだけでは、職業上の成果創出力に対して強い相関があるとは企業人事の方も考えておられないだろうと思います。職業上の成果創出力に最も関連が強いのは、学生時代の顕在能力（コンピテンシー）であると我々は考えており、このコンピテンシー軸でのスコア化がデジタル人事時代の採用の核とも言えます。

②中途採用での〝ガッカリ感〟が減る！

提出された履歴書・職務経歴書を見て、「こんなにいい人材ならば、ぜひ採用したい」と思い、

図1　新卒採用における応募者の全体分布傾向の把握

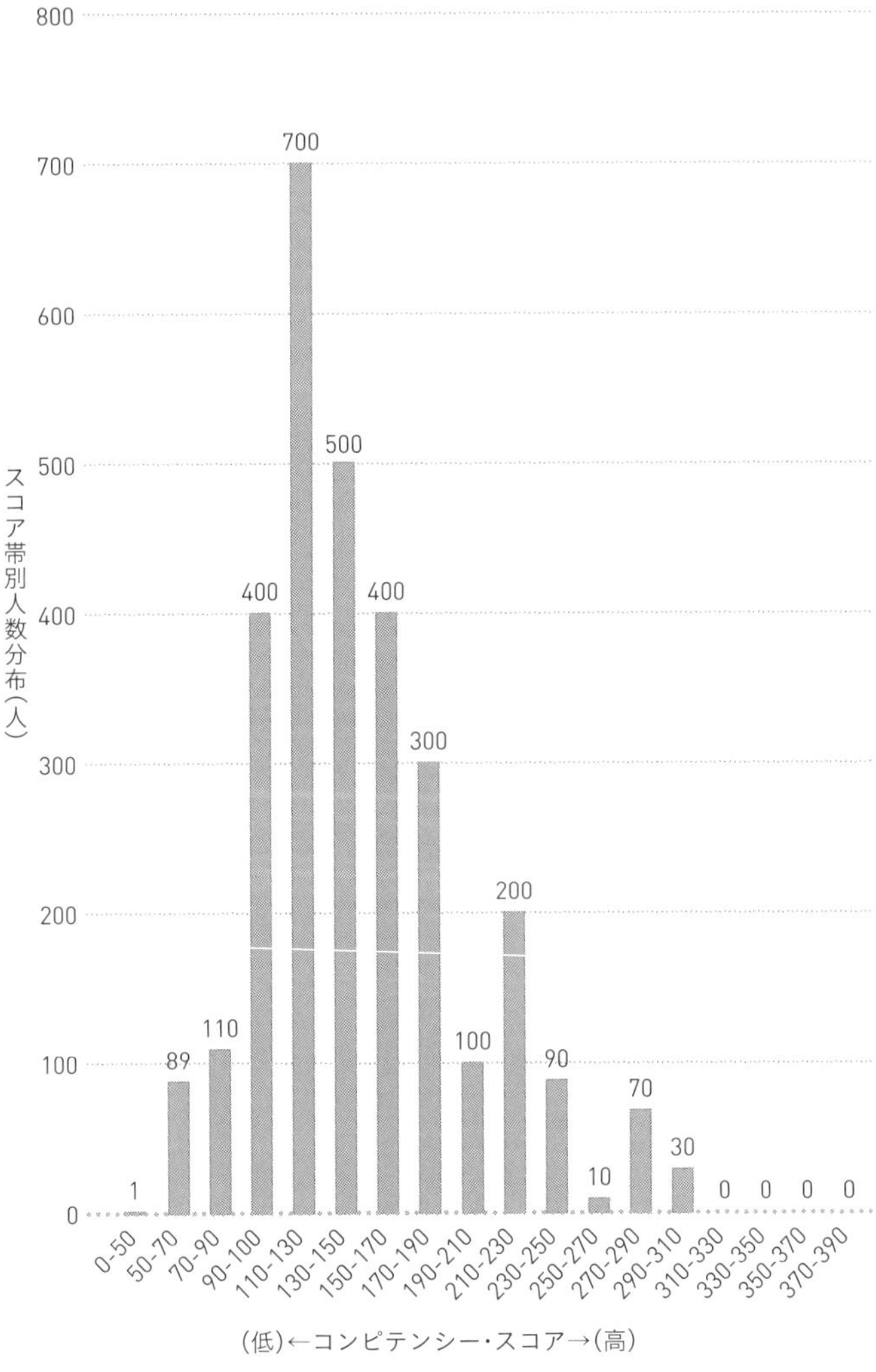

会ってみてガッカリしたことはないでしょうか。また、経歴や前職の社名、大学名、ＭＢＡ（経営学修士）、難関資格といったデコレーションされたキャリアを信用して採用したものの、入社後全く活躍できず期待外れだったという経験はないでしょうか。これは、中途採用時におけるコンピテンシーの確認が不十分であることが起因しています。

図2は、ある会社における部長ポジションに対する候補者3名のマシンアセスメント結果です。通常の履歴書・経歴書に加え、「前職で力を入れて取り組んだ事例」について文書一枚程度にまとめてもらい、それを解析した結果です。Ａさんは非常に頭が良さそうですが、人を動かすのは苦手そうです。Ｂさんは実行力がありそうですが、方針設定やプランニングが苦手そうです。Ｃさんは多様なチームのマネジメントが期待でき、分析能力も高そうです。また、慎重な確認行動もとれそうです。経歴的なフィット感が一番高かったのはＢさん＞Ａさん＞Ｃさんでしたが、コンピテンシーの高さはＣさん＞Ｂさん＞Ａさんという順番でした。

実際に面接をしたところ、コンピテンシーの高さは、事前のマシンアセスメントの結果通りでした。この企業では、こういったケースではＢさんを採用することが多かったそうですが、今回は思い切ってＣさんを採用することにしたそうです。Ｃさんは入社後も安定してコンピテンシーを発揮しており、「採用がうまくいった」と中途採用担当の方は喜んでいました。このようにコンピテン

図2　中途採用者のコンピテンシー分析結果

Competency Assessment Result

		Aさん	Bさん	Cさん
PLAN	P:情報収集行動	15%	3%	15%
	P:分析行動	20%	3%	30%
	P:洞察	10%		
	P:仮説志向	10%		3%
	P:問題解決行動	10%	10%	15%
	P:創造性	3%		
	P:改善行動			
	P:ビジョン設定行動			
	P:戦略思考力	20%		
	P:意思決定行動	9%		
	P:計画行動			20%
	P:組織構築行動			10%
DO	D:達成行動	10%	40%	20%
	D:自律行動			10%
	D:伝達行動	5%		20%
	D:組織運営	5%		30%
	D:動機づけ行動	1%		20%
	D:対人影響行動	1%		10%
	D:関係構築行動	1%		10%
	D:場づくり行動	1%		10%
	D:顧客志向行動		20%	20%
	D:組織感覚		20%	
	D:交渉行動		30%	10%
	D:チームワーク	2%	10%	30%
	D:人材管理	3%		30%
	D:ダイバーシティ対応			30%
SEE	S:確認行動		10%	20%
	S:学習			
	S:柔軟性			
	S:執拗さ		30%	
	S:自己管理		20%	
	S:論理思考	15%		
	S:EQ			15%

シー情報を中途採用時にも活用することで、中途採用での〝ガッカリ感〟を減らすことができるのです。

③母集団形成の良し悪しを定量的に把握できる！

「他社と比べて、いい人材が集まっているか？」「昨年と比べて、いい人材が集まっているか？」

新卒一括採用の場合、よく母集団形成が重要であると言われます。要は、今エントリーしてきている人材群は、他社と比べていい人材が集まっていると言えるのか、また昨年と比べていい人材が集まっていると言えるのかという点が重要ということです。

なおこれは、今後新卒採用が一括採用から通年採用になっても変わりません。その時に応募してきている学生のレベルは、自社が求める水準と比較してどのレベルなのか、1年間の全エントリーデータである母集団を見た時にどうなっているのか、という点が重要になってくるということです。

図3をご覧ください。まず2017年との比較ですが、2018年のほうが顕在能力（コンピテンシー）の高い学生が明らかに多いことが分かります。これは、採用活動における母集団形成が成

功したことが分かります。それではこの結果を知った今、２０１７年と２０１８年の採用枠は同じにすべきなのでしょうか。できるならば、２０１８年は若干採用枠を増やしてもよいはずです。また、一括採用から四半期別の採用に切り替えた企業の例では、春、夏、秋、冬ごとの母集団分布を比較した際に、冬採用者に高コンピテンシー者が多いといったケースの発見もありました。

このように、過去と比較して現在を位置づけることで、採用戦略・方針の検討につなげることができます。定量化によって他社比較も可能です。他社比較をした結果、明らかに自社の母集団形成が失敗していることがわかったりします。同レベル企業と比較して、エントリー時点でコンピテンシーが低い学生が集まっているということです。これではいくら面接を頑張っても、他社との採用競争力において負けていると言わざるを得ません。採用ブランドの向上を含め、施策の見直しが必要でしょう。

図3 新卒採用における母集団の経年比較の実現

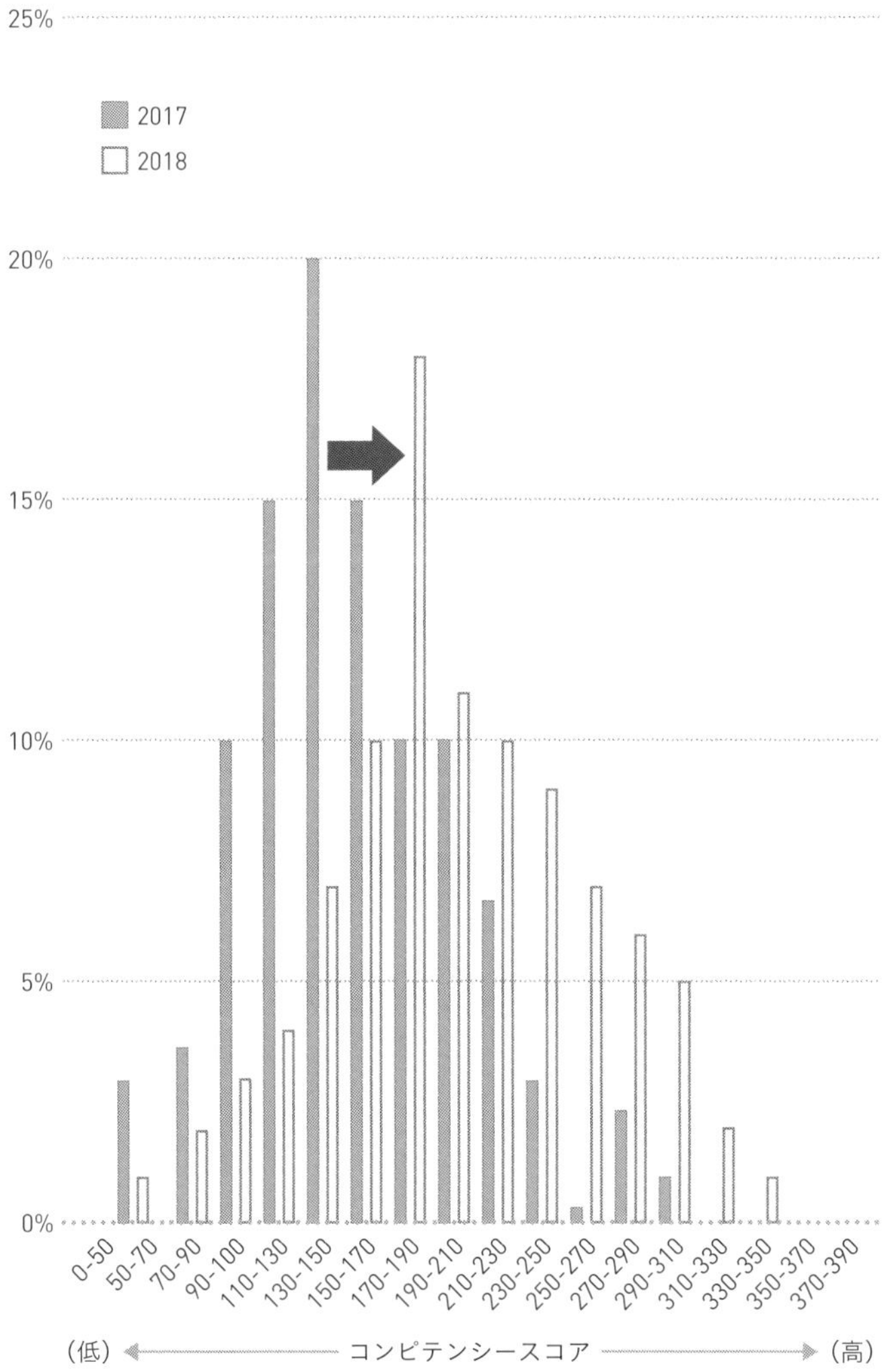

④自社に合った人材がどれくらい応募してきているかを定量的に把握できる！

「自社には、どのようなタイプの人材が集まってきているのか？」「自社の求める人材は、どれくらい集まってきているのか？」

「多様性の時代」と言われて久しいですが、コンピテンシー的ダイバーシティを実現している企業はどの程度あるでしょうか。自社にはどのようなタイプの人材が集まってきているのでしょう。感覚的には、「おそらく、こういう人材が多いのではないか」と思っていても、なかなか説明は難しいものです。

図4をご覧ください。これは30種類以上のコンピテンシースコアの分布状態に対して統計的な処理を施してグループ分けをしたものです。要は、似たようなコンピテンシーを発揮している学生ごとにセグメンテーションを行ったとも言えます。この企業では、いわゆる協調・調和型の学生が多くエントリーしていることが分かります。その企業の採用メッセージや実際にいる社員等のイメージから、この企業にどういった学生が惹きつけられているかが分かります。

この企業では、入社3年目の社員の〝指示待ち族の多さ〟が問題となっていましたが、実は採用

図４　学生の勝ちパターン・得意技別のグルーピングと比率

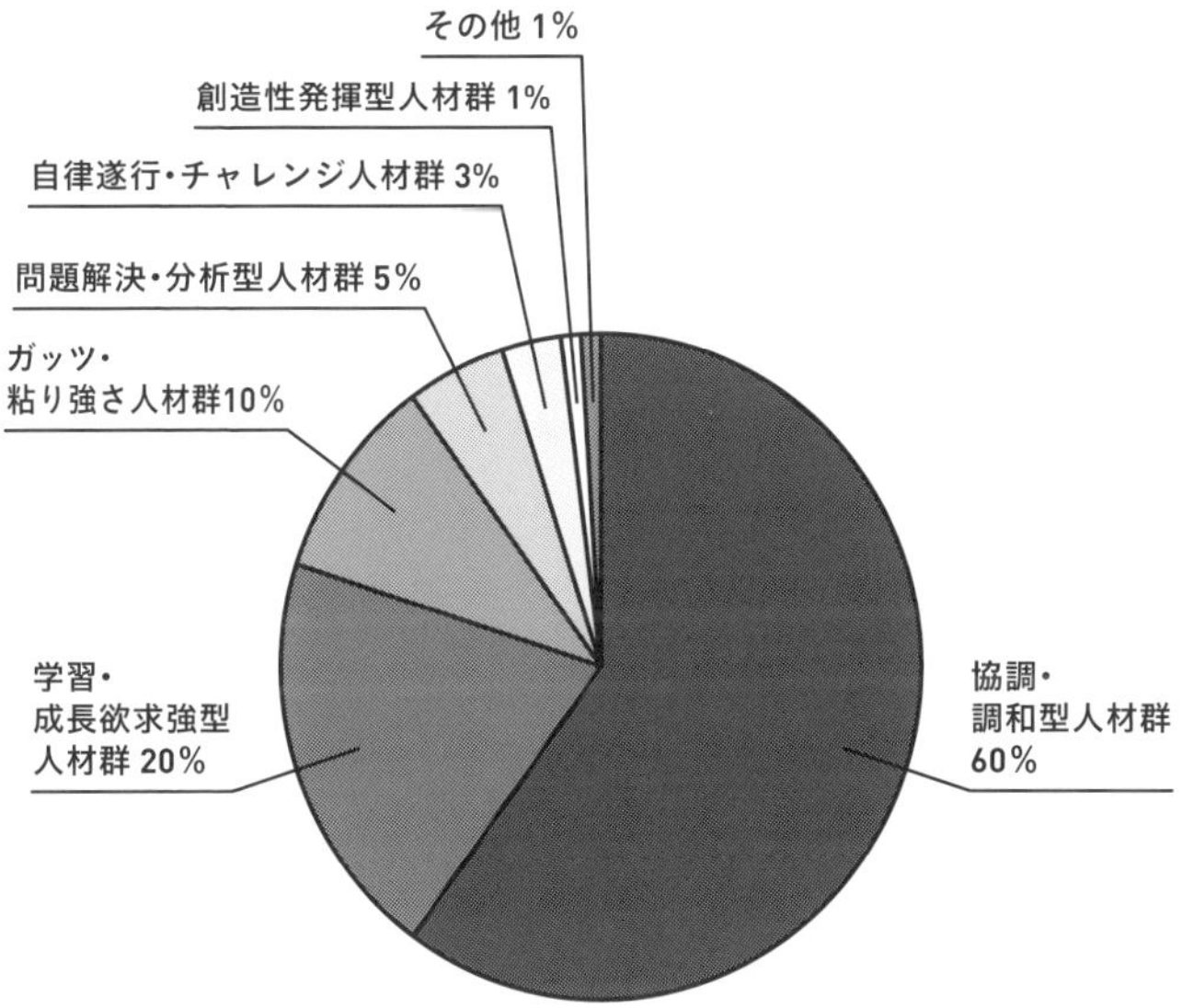

時からそのような傾向は自明であったということが分かります。指示待ち族の多さを解決していくには、採用時の求める人材像やタイプを変えていかなければならないことが分かります。

また、**図5**をご覧ください。この企業の場合は、かなり少ない種類の人材タイプしかいないことが分かります。他の企業では、概ね7〜8パターンの人材タイプがいます。皮肉なことに、この企業では「適材適所」「ダイバーシティによる創造性の涵養《かんよう》」「オープンイノベーション」を人材戦略の柱に据えていました。しかし、このような母集団のモノカルチャーな人材タイプでは、いくら入社後の人材戦略を立派にしても、自ずと限界があることが分かるでしょう。母集団のポートフォリオが単一なのですから。であれば、中途採用の比率を増やせば良かったのですが、中途採用も少なく、ちぐはぐな状態になっていたのも大きな問題でした。

このように、コンピテンシーの種類とその強度をデジタル情報化することで、母集団の特性をグループ化・セグメント化し、採用戦略の参考にすることができるのです。

図5　多様性のない金太郎飴的な母集団

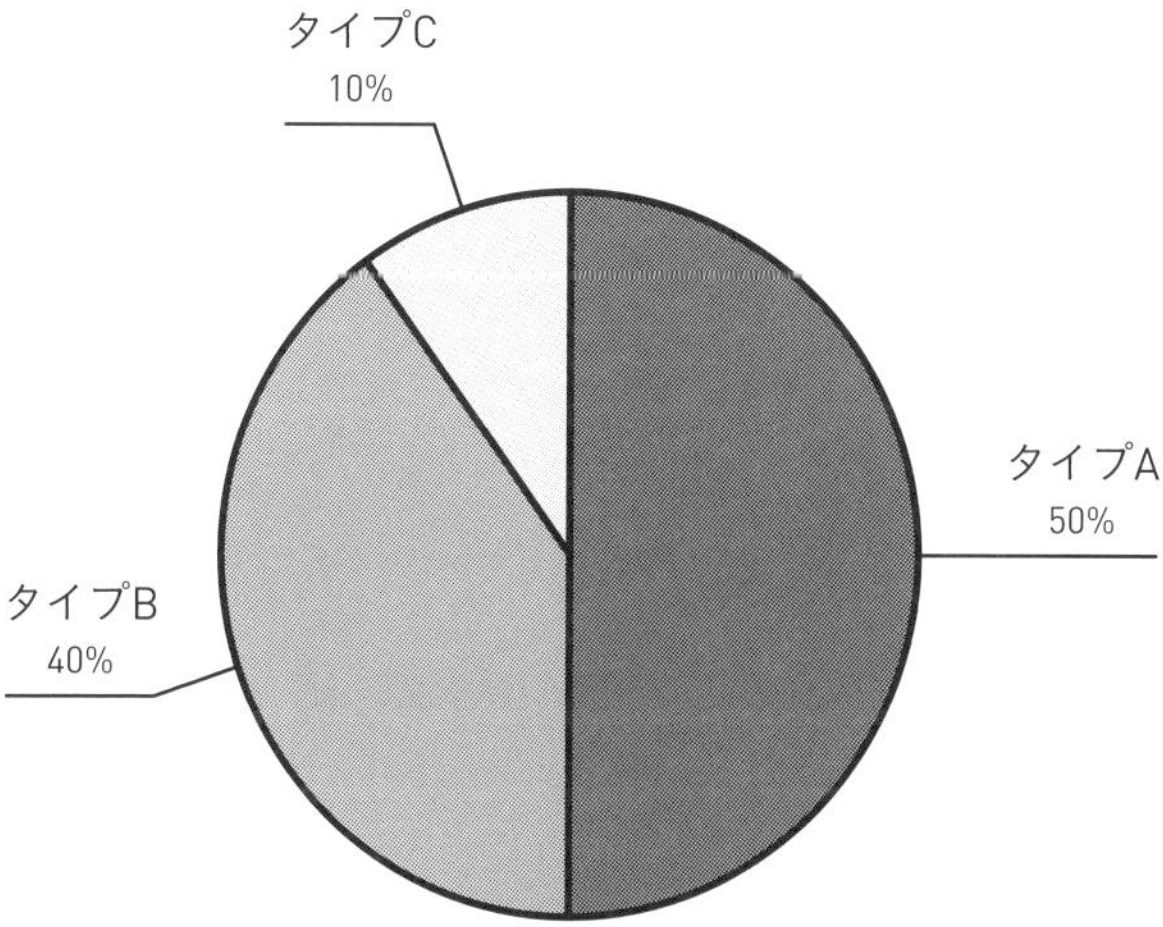

**入社時でコンピテンシーの
多様性が担保されていない！**

2. 採用業務における具体的なマシンアセスメント活用方法

①エントリーシートのどの部分を活用すべきか?

エントリーシートには、様々な情報が含まれます。氏名、年齢、性別、大学名、学部名、高校名、自己ＰＲ（学生時代力を入れて取り組んだこと）、志望動機等々。マシンアセスメントは、顕在能力であるコンピテンシーを測定します。このコンピテンシーが最も抽出されやすい場所が、自己ＰＲです。前述しましたが、コンピテンシーが出現しやすいのは以下のような状況です。

- **・困難な環境や状況に置かれた場合**
- **・当人が自発的・積極的に力を入れて取り組んだ課題・テーマがあった場合**
- **・当人にとって、新しいまたは未知の役割にチャレンジした場合**

特に、コンピテンシーは成果創出のプロセスに現れるため、単なる成果・結果のアピールではなく、その成果・結果を出す上で当人が力を入れたこと、工夫したことを中心に記載させることで、より具体的なコンピテンシーを抽出できます。自己ＰＲは、基本的にどのようなタイプのエントリーシートにも含まれていることが多いので、過去データを一度分析してみると、これまで自社にエントリーしてきた学生の母集団傾向を把握することも可能です。

②マシンアセスメントの結果を、採用業務プロセスでどう活用するのか？

㈠エントリーシートでの選抜の活用

それでは、実際の採用業務プロセスにおける活用について見てみましょう。基本的には大量のエントリーシートの中から、優先度の高い学生を選抜したり、面接に進む学生を判断したりする上で効果的に活用できます。

30種類以上のコンピテンシースコアを合計した総合スコアが、社会人として最も能力を発揮する可能性が高い学生ですが、勿論、戦略的にポートフォリオ的な選抜にしても構いません。この点はマシンでは判断できず、人間である人事部が戦略性を持って検討・判断すべき点でしょう。

また、通常これまでは暗黙的に〝読む側の負担〟を忖度《そんたく》して、「学生時代に一番力を入れて取り組んだ事例について記載してください」と言うだけだったと思いますが、コンピテンシーの安定性・再現性を測定する上では、複数の事例を収集するという方法もあります。勿論、学生側の過度な負担にならないレベルでということになります。例えば、以下のような問いかけ方法で、二つの事例をとる方法もあります。

事例1：「学生時代一番力を入れて取り組んだこと」
事例2：「学生時代二番目に力を入れて取り組んだこと」

図6は、学生時代の一番目と二番目の事例について聞いたものについて、マシンアセスメント結果のスコアに応じて散布図にしたものです。この結果を見ると、第Ⅰ象限の人材群が最も優先度が高い人材群であることが分かります。逆に第Ⅱ象限、第Ⅳ象限は若干息切れ気味でコンピテンシー発揮が不安定な可能性がありますので、面接でよく確認する必要があります。

(イ) 他のテスト結果、属性とのクロス分析

能力要素の箇所で説明したように、コンピテンシーはあくまで顕在能力だけを測定しています。他の能力要素と掛け合わせて分析することで、様々な意味合いが見えてくることがあります。

図7をご覧ください。これはパーソナリティ試験における対人能力と、マシンアセスメントの関係構築力行動のコンピテンシーのスコアをマトリクスにしたものです。パーソナリティは潜在的な

図6 複数事例を通じて能力発揮の安定性を確認

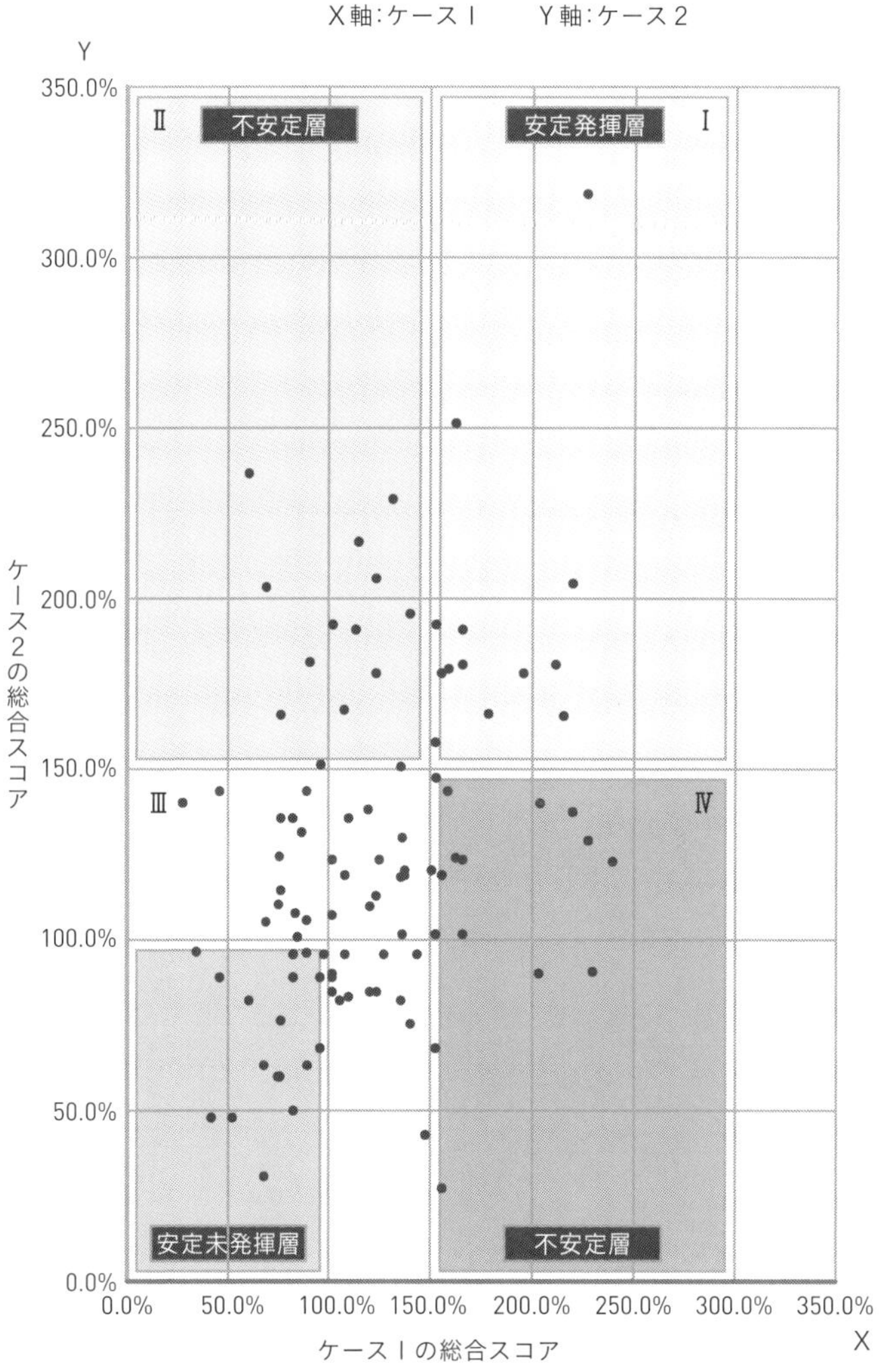

図7　適性検査とマシンアセスメント結果のクロス比較

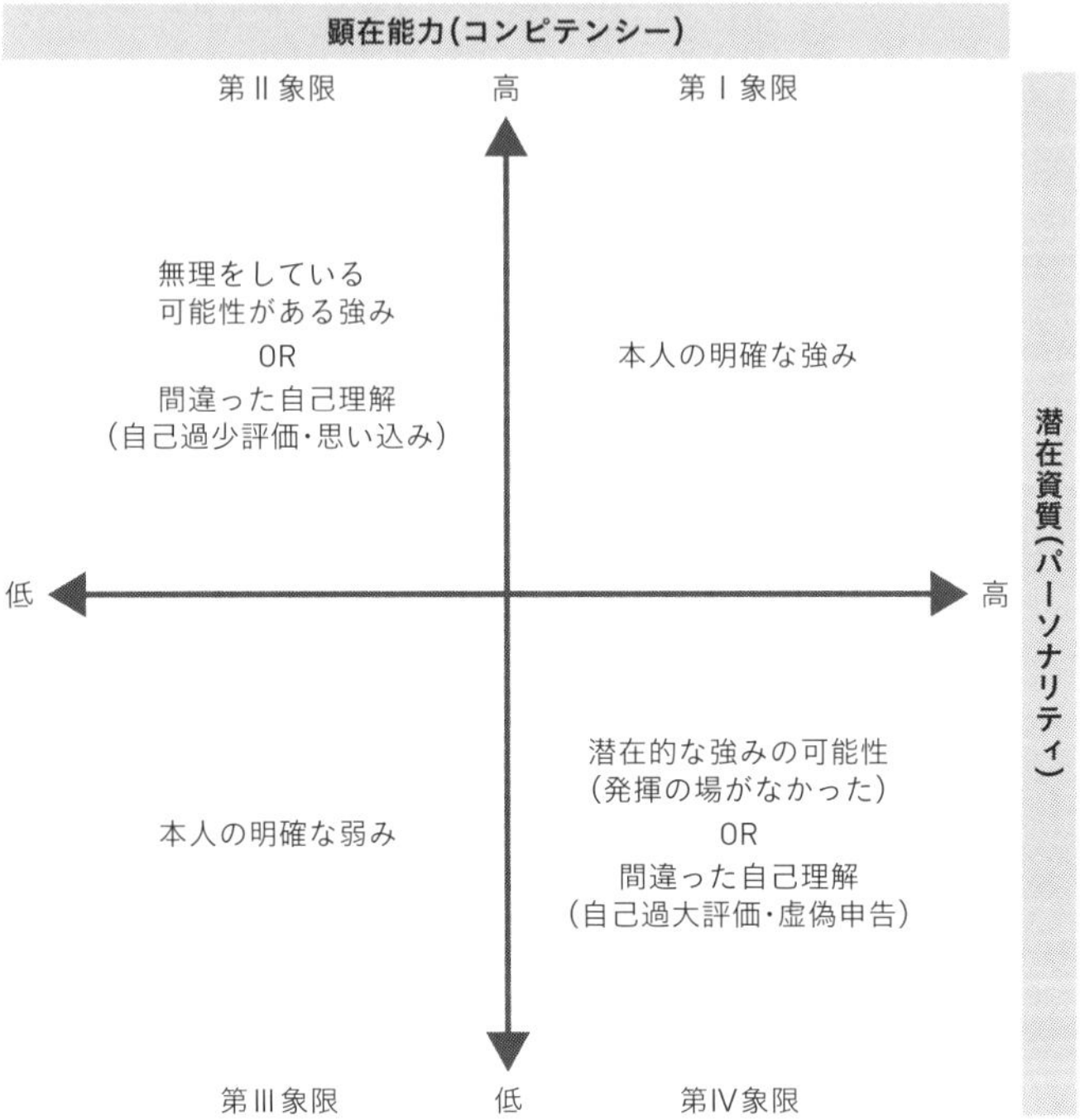

能力と捉えます。第Ⅰ象限は、自分の本来得意なものを実際にコンピテンシーとして発揮していると言えます。

第Ⅳ象限は、本来パーソナリティ的に得意であるにも関わらず、現在はコンピテンシーとしては顕在化していないことになります。このギャップがある場合、それぞれのアセスメント手法のどちらかが間違っているのではないかという反応を示す人事担当者もいますが、そうではありません。これは測定しているものが違うので、以下のような可能性があることを考慮すべきです。

可能性１：本来、対人面が得意なポテンシャルがあるのだが、大学時代の部活動や研究テーマの関係でたまたまそのような能力が顕在化していない（将来発揮する可能性がある）

可能性２：本来、対人面が得意なのだが、たまたま選んだテーマの特性上や字数の制約で、対人面の行動を言語化していない（面接時に行動が確認できる）

可能性３：本来、対人面が得意ではないのだが、採用面接に合格するために、パーソナリティ検査時に無理をして異なる自分を演じて回答している（面接時に具体的な事例を確認すると行動が出てこなかったり、行き詰まったりする）

また逆に、第Ⅱ象限のような場合もあります。

可能性1：本来、対人面が得意ではないにも関わらず、無理をした行動をとっている
可能性2：セルフイメージや自己認識が若干ゆがんでしまっている

第Ⅲ象限のように、両方で低いスコアの場合は、やはり入社後もよほどのことがない限り当該コンピテンシーの発揮は難しい可能性が高いと言えるでしょう。

このように他のアセスメント結果と突合することで、学生の能力の安定性や将来性を効果的に判断する材料にすることが可能になります。

(ウ) 面接での活用

面接で能力（コンピテンシー）を確認する場合、通常構造化面接という手法がとられます。これは簡単に言ってしまえば、力を入れて取り組んだ事例を確認する中で、特定のコンピテンシーが発揮されているか否かを面接官が確認する手法です。

ただこの構造化面接ですが、トレーニングを受けた人事部の方であれば別ですが、現場のマネージャーが習得し、実際にインタビューするとなると大変です。結果的に現場のマネージャーが自己流でインタビューを行い、実際はほとんどコンピテンシーを確認していないというケースも多くあります。

こういった事態を防ぎ、面接をより効果的に進めるために、マシンアセスメント結果を活用するという方法があります。マシンアセスメント結果がなければ、事前にどういうコンピテンシーを持った人材かは全くわからないのですが、レポートがあれば、ある程度確認するべきポイントを絞って効率的に面接することができます。

事前に個別レポートを参考にインタビューに臨める場合とそうでない場合では、インタビューの効果・効率が違うはずです。実際にこの個別レポートを活用した現場のマネージャーからは、「面接に自信が持てた」「確認すべきポイントが事前に明確になって助かった」という声が出ています。

(エ) 早期の人材囲い込み

母集団全体のコンピテンシースコアの分布傾向から、優先度の高いハイパフォーマーを特定し、早期に囲い込む話はすでに述べました。ここでは、更なる人材囲い込みにマシンアセスメント結果を活用する方法を検討しましょう。

皆さんは、最終的に入社先を決める時に何を考えたか覚えていますか。更に言えば、どういう状態になれば入社を決断するのでしょうか。勿論、待遇、同僚、先輩、会社のブランドイメージ、キャリア、教育支援体制、報酬等様々な要素があるでしょう。しかし、特に重要なポイントは何でしょうか。それは**「自分が入社して、その会社で本当に活躍できるか否か」**です。特に、社会人経験がない学生の場合、自身の活躍可能性は大きな不安材料になります。

このような学生に対して、マシンアセスメント結果を活用して「あなたはこういう能力が高そうだから、うちでもきっとこういう活躍ができると思う」と言ってもらえれば、どれほど気が楽になるでしょうか。また事前に「こういう点では苦労するかもしれないから、今のうちにこういったスキルを磨いたり、本を読んでおいたほうが良い」というアドバイスもできるかもしれません。

このようにコンピテンシー情報を掴んでいることは、囲い込みの上でも大きなアドバンテージになるのです。

(オ) 入社前研修への活用

入社してくる新入社員のコンピテンシー的強みと課題が事前にわかっていれば、新人への入社前研修や入社後研修をより効果的なものにデザインすることができます。例えば、**図8**にあるA社のグループ1〜3では、全く特性が違うことがわかります。このような三つのグループに、同じ研修を提供するのは非効率です。

郵便はがき

料金受取人払郵便

日本橋局
承認

6591

差出有効期間
令和3年5月
30日まで

切手をお貼りになる
必要はございません。

103-8790

953

中央区日本橋小伝馬町15-18
ユニゾ小伝馬町ビル9階
総合法令出版株式会社 行

本書のご購入、ご愛読ありがとうございました。
今後の出版企画の参考とさせていただきますので、ぜひご意見をお聞かせください。

フリガナ お名前	性別 男・女	年齢 歳
ご住所 〒 TEL （ ）		
ご職業 1.学生 2.会社員·公務員 3.会社·団体役員 4.教員 5.自営業 6.主婦 7.無職 8.その他（ ）		

メールアドレスを記載下さった方から、毎月5名様に書籍1冊プレゼント！

新刊やイベントの情報などをお知らせする場合に使用させていただきます。

※書籍プレゼントご希望の方は、下記にメールアドレスと希望ジャンルをご記入ください。書籍へのご応募は1度限り、発送にはお時間をいただく場合がございます。結果は発送をもってかえさせていただきます。

希望ジャンル：☐ 自己啓発 ☐ ビジネス ☐ スピリチュアル

E-MAILアドレス ※携帯電話のメールアドレスには対応しておりません。

お買い求めいただいた本のタイトル

■お買い求めいただいた書店名

（　　　　　　　　　　）市区町村（　　　　　　　　　　）書店

■この本を最初に何でお知りになりましたか

□ 書店で実物を見て　□ 雑誌で見て（雑誌名　　　　　　　　）
□ 新聞で見て（　　　　　　新聞）　□ 家族や友人にすすめられて
総合法令出版の（□ HP、□ Facebook、□ twitter）を見て
□ その他（　　　　　　　　　　）

■お買い求めいただいた動機は何ですか（複数回答も可）

□ この著者の作品が好きだから　□ 興味のあるテーマだったから
□ タイトルに惹かれて　□ 表紙に惹かれて　□ 帯の文章に惹かれて
□ その他（　　　　　　　　　　）

■この本について感想をお聞かせください

（表紙・本文デザイン、タイトル、価格、内容など）

（掲載される場合のペンネーム：　　　　　　　　）

■最近、お読みになった本で面白かったものは何ですか？

■最近気になっているテーマ・著者、ご意見があればお書きください

ご協力ありがとうございました。いただいたご感想を匿名で広告等に掲載させていただくことがございます。匿名での使用も希望されない場合はチェックをお願いします□
いただいた情報を、上記の小社の目的以外に使用することはありません。

図8 内定者教育、入社後の育成プログラムへの活用イメージ

A社 新卒採用予定者

	グループ1	グループ2	グループ3
グループごとの特徴	対人コミュニケーションやチームワーク、協調性に優れた特性を有する。面接官の印象も良い学生が多かったが、適性検査のスコアは悪いほうが多かった	分析力・論理性が高いコンピテンシー的特徴を有する。適性検査でも論理・数的理解に優秀な成績	新規性の高いものや、突飛なアイデアなど、アイデア豊富な柔軟性がある特徴を有する。グループ討議などでのパフォーマンスが高いほうが多かった
新人育成方針	**“入社3年目までは徹底的に強みを伸ばす”**		
研修プログラムセット（例）	・対人コミュニケーション&交渉力 応用コース ・顧客トラブル対応 ・問題解決 基礎	・問題解決 応用コース ・データサイエンティスト 基礎 ・財務・管理会計 基礎	・イノベーション・ラテラルシンキングコース ・チェンジマネジメント基礎 ・ビジネスモデル 基礎

ここで重要になってくるのが、人間が行うべき戦略的判断です。すなわち、新人育成の基本方針です。このA社では「強みを伸ばす」という方針があったので、それに沿って各グループの特徴にふさわしい研修を用意しました。勿論、「課題を克服する」という方針であれば、違ったプログラムになるでしょう。まさに自社の戦略、事業環境を踏まえた人事の腕の見せ所になるはずです。

(カ) 配属への活用

Wさん（図9）を最初に配属するには、どの部署が良いでしょうか。

選択肢1：上司からの指示があまりなく、計画的・自律的に動くことが求められるX部
選択肢2：顧客との頻繁な折衝・交渉が求められるY部
選択肢3：高度な分析が求められるZ部

Wさんは、事前に計画したり考えたりするのはそれほど得意ではないようです。しかし、人と関係を築いたり、組織内の力関係を見抜くのは得意そうです。

勿論、10年前の人事の方であれば、あえて選択肢3を選ぶ方もいたでしょう。これは転職が盛んではなく、〝まず我慢する〟というキャリア観が強かった時代の名残とも言えます。しかし、今そ

図9 早期退職防止のための配属工夫

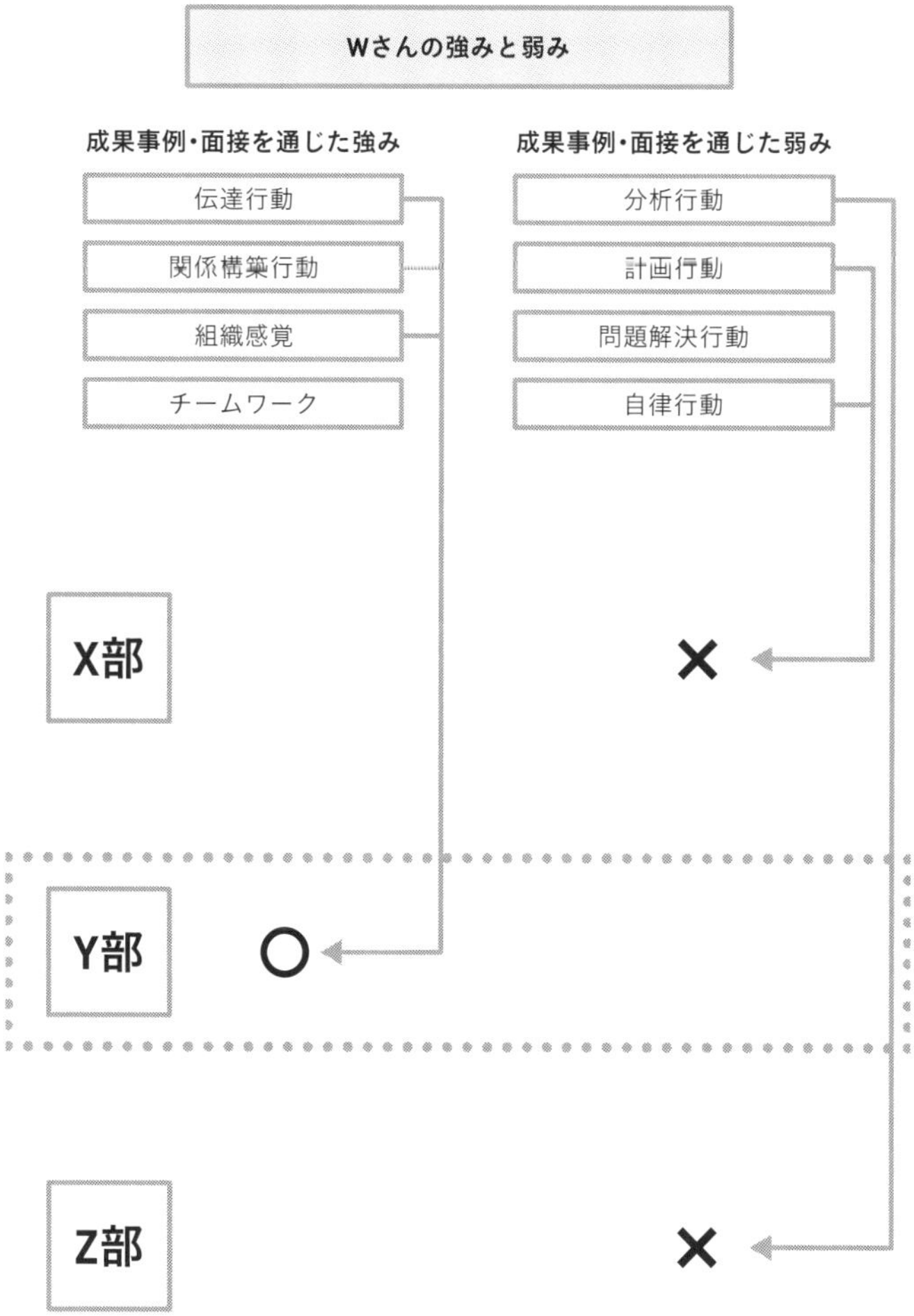

ういった配置をしてしまうと、せっかく苦労して採用しても、ゴールデンウィーク前には退職してしまったり、メンタルに疾患を抱えてしまったりすることも少なくありません。この〝獅子は我が子を千尋の谷に突き落とす型アプローチ〟は、はっきり言えば人材供給が潤沢であった頃、働き方改革以前の名残とも言えるでしょう。

やはり基本的な思想としては、職業経験の最初期にしっかりとした成功体験を積ませることが、その後のキャリア・成長にとって大変重要となります。また、どうしても人繰りの関係上、選択肢1や3の職場に配属になってしまった場合、上司に事前にコンピテンシー的な強みと課題について伝えておき、育成やモニタリングの参考にしてもらうことが重要になります。

Column

スパゲッティ統計の怖さ

プログラミングの世界では、ゴチャゴチャに絡まって判読不能なプログラミングコードのことを“スパゲッティ・コード”(スパゲッティ化現象)と呼んで揶揄《やゆ》することがあります。実際に、マシンアセスメントの説明をしている際に、人事担当者がこのスパゲッティ化現象を起こすことがよくあります。

マシンアセスメントはこれまでにないテクノロジーなので、「できるだけ事前にトライアルをして納得してから導入してください」とお伝えしています。そこでサンプルデータをいくつかもらい、解析サンプルをお渡しして、その結果を検証して導入可否を決めるというステップをとります。ここでの検証ポイントは、実際にサンプルデータに書いてある文章を人事担当者が読み、そのデータから読みとれるコンピテンシーが適切に解析結果に抽出されているか否かという点がエンジンの精度をみる上で重要になります。

しかし、HR Techの流れの中で、よく勉強している人事担当者ほど間違った統計知識を適用してしまうことがあります。例えば、出てきたサンプルデータの解析結果(コンピテンシーのスコアの高低)と、実際の合否や面接官の判断結果との相関をとり、相関係数の高さでマシンの精度を検証しようというアプローチをします。これは一見正しそうですが、完全に間違ったアプローチです。なぜならば、面接官の判断結果や評価結果を決定づける要因がサンプルデータだけならばいいのですが、実際は面接官の判断結果に影響を与える要因が複数あるからです。

面接官によってはエントリーシートを読んでおらず、独自の観点(意欲など)で多少バイアスのかかった判断をしている可能性もあります。面接官の評価軸がコンピテンシーであり、しっかりした構造化面接を行っているという形であれば、上記のような形での検証は可能ですが、たいていはそうなっていません。また、当然ながら面接官によって評価の甘辛がありますので、そのようにバラツキが大きいデータとの相関を、そのままとってもあまり意味がないのです。

統計ソフトに数値データを放り込むと、とりあえずそれらしい相関係数が出てしまうので注意が必要です。絡まったスパゲティを解きほぐすように、その結果に影響を与えている要因・因子は何かを丁寧に洗い出してから分析にかけるべきだと考えています。マーク・トウェイン曰く「事実は頑固者だが､統計は融通が利く」のです。

3

第4章

デジタル化による人事業務革新「昇進・昇格審査編」

1. デジタル化により昇進・昇格業務でできること

昇進・昇格審査のプロセスや結果の影響は、非常に大きなものです。人事業務が持つ機能の中で、最も社内や将来成果に対する責任・影響が大きなものであると言っても過言ではないでしょう。この昇進・昇格審査の機能をデジタル化とテクノロジーによってバージョンアップを図ることは、大きな経営・組織課題の一つを解決することだと我々は考えています。

誰を昇格させ誰をさせないのかは、社員にとっての大きなメッセージであり、暗黙的な価値観の提示とも言えます。筆者は昔転職の相談に乗っていた時期があり、相当数の方（5000人程度）にお会いしてきましたが、転職の契機となった出来事で非常に多かったのが、昇進・昇格イベントに関係するものでした。

・あんな人が管理職に登用されるなんて、この会社に未来はない
・あまり仕事をしていない同期が部長推薦で課長に昇格した。自分は彼（彼女）より仕事ができるはずなのに昇格できなかった。部長の社内パワーだけで決まるのは納得できない
・成果主義とは建前でうちは年功序列。仕事はできないけど、社歴だけはある人材を登用し続け

ているのは経営陣や人事の怠慢
・昇格審査が不合格だった。10分程度の人事面談で何がわかるのか、正直納得できない
・外部のアセスメント・センターでの１日研修で不合格となった。ちょうど重要プロジェクトの山場で課題が山積しており、研修に集中しきれなかったのが理由。本来の業務を全うしている自分が落ちて、仕事を後回しにして研修だけを一生懸命やった人間が合格するのは、正直いかがなものか

といった声を非常に多く聞きました。しかしながら、実際に昇進・昇格業務に関与している経営陣や人事の方々は一生懸命やっており、悪気がある訳ではないケースが大半でした。それだけ昇進・昇格業務というのは、難しい判断業務の一つであるということでしょう。

昇進・昇格審査におけるデジタル化が進むことで可能となるのは、判断精度の向上です。判断精度を上げるためには何が必要かご存知でしょうか。非常に単純なことですが、それは情報の質・量の両面での充実です。特に、多角的な情報が重要になります。

簡単な事例を紹介しましょう。先日、とある会社社長に相談を受けました。この方は、最近執行役員から社長に昇進し、初めて部長昇格の承認業務を行うことになったそうです。曰く、「人事部から部長昇進予定者のリストがきて、承認を求められているのだが、正直困っている」とのことで

した。そのリストには、名前・顔写真・これまでの異動歴・過去の人事評価結果が並べられているだけでした。

この社長は真面目な方で真剣に考えて選ぼうとしたそうですが、自信を持って判断できなかったそうです。全員と面接するということも考えたそうですが、

・全員と面接する時間はない
・面接したとして、どういう基準で部長にふさわしいか否かを考える必要がある
・この情報だけで合否の判断ができる自信もないし、その結果について対象者が納得するとも思えない

ということでした。結局、社長は人事部長を呼び「一体、この情報からどうやって部長昇格者の承認をしろというのか」と問うたところ、「以前の社長は、その情報と普段の仕事ぶりや過去の成果から判断されていましたが」ということでした。「これだけの数の課長層全員と面識はなかったのではないか?」「過去の成果で見るならば、たまたまラッキーで成果を出したが、リーダーシップが弱い人材等が含まれるのではないか? 将来ポテンシャルはどうやって見極めるのか」という質問に対し、人事部長は「確かに距離が近い課長が部長昇格する確率は高かったように思います。実

際、過去にはたまたま成果を出した人材の部長昇格を承認し、部長昇格後、全く機能しないという例もあります」ということで、社長は自組織における昇進・昇格がほとんど機能していないことに気づいたのです。

それではどうすれば、この組織における昇進・昇格における的確な意思決定・判断が可能になるのでしょうか。まずは、昇進・昇格の基準となる判断軸を洗い出すことです。その上で、その判断軸の根拠となる情報・データを適切に集める具体的手法・ツールを検討し、時間・コスト制約・納得感を考慮し方法論を決めていきます。また、判断軸同士の優先度・重要度も昇進・昇格後に求められる要件によって異なるでしょう。

以下の**表1**に典型的な判断軸とそのための手法論、デジタル化の充実度をまとめました。タレントマネジメントシステムなどの充実を図っている企業であっても、おそらく技術的知識・スキルレベルの充実に力を入れている企業は多いと思いますが、その他の側面はデジタル化の充実度が低いのではないでしょうか。ここでデジタル化によって可能となるのが、〝**判断する上で本来は重要な情報であったものの、時間的・コスト的・技術的制約の関係でこれまで収集できなかった情報**〟**を集めることが可能になる**ということです。具体的には、コンピテンシー・成果イメージ・パースペクティブの三つが今後重要です。前置きが長くなりましたが、デジタル化によって昇進・昇格業務

表１　昇進判断軸とデジタル化の充実度合い

種類	判断軸	代表的確認手法・ツール	デジタル化の充実
潜在	意欲	（基本難しいが、面接やプロセスへの態度等から間接的に確認）	×
潜在	技術的知識・スキル	人事データベース、資格、360度調査	○～◎
潜在	経験・ネットワーク	人事データベース、面接	△
潜在	パーソナリティ	パーソナリティ検査	△～○
潜在	成果（ゴール）イメージ	専門家インタビュー 将来構想プレゼン・論文 マシンアセスメント	×
顕在	コンピテンシー	専門家インタビュー マシンアセスメント 360度調査（一部）	×
潜在＆顕在	パースペクティブ（視野・問題意識の高さ）	専門家インタビュー 将来構想プレゼン・論文 マシンアセスメント 360度調査（間接的）	×
顕在	評判・リスク	360度調査、社員意識調査	△～○
顕在	結果・成果	人事評価、実際の成果情報	○～◎

表2 昇進・昇格業務の「これまで」と「これから」

これまで	これから
昇格前は活躍していたのに、昇格後の活躍が全く見られないケースが散見する(昇格した本人も周囲も不幸な過去志向の判断となってしまう)	昇格前だけではなく、昇格後の活躍を予測できる。より昇格後の活躍が見込めるよう事前対策等も検討し、未来志向の判断が可能になる
昇格審査の材料(論文審査や360度調査)を正直十二分に活用できていない	現在の昇格審査の材料(論文審査や360度調査)の大幅なバージョンアップ・効率化をはかることができ、更なる活用が見込める
昇進・昇格基準とプロセスにブラックボックス、暗黙知の要素が大きく、社員に自信を持って開示できず、結果も説明できない。社員も昇格に必要な成長課題が分からない	昇進・昇格基準の判断軸が整備され、経営陣・人事も自信を持って意思決定・説明ができる。社員も昇格に必要な成長・育成課題を特定することができる
候補者が大量な場合、ポテンシャルある「隠れた人材」を発掘しきれていない可能性を否定できない	大量の候補者の中にいるポテンシャルある「隠れた人材」を発掘できるようになる
昇進・昇格プロセスにおいて、コストと納得感の間のジレンマで悩む	昇進・昇格プロセスの中に、コストを抑えながら、対象者の納得感を生むプロセスを内在化させることができる
直近の成果の大きさや判断者との距離の近さ、アピールのうまさ、推薦者の声の大きさ等が、昇進・昇格判断に大きく影響し、偏見・バイアスを伴った判断を誘発する。またそのような判断が多くの社員のやる気を低下させる	偏見・バイアスを伴った可能性のある判断があった場合、そのような候補者を抽出することが可能となり、慎重かつ冷静な議論が可能となる。間違った判断による社員のやる気低下問題を予防することができる
過去の成果を維持・継続させるための「守りの人材」「上司の覚えが良い人材」を中心に昇進・昇格が行われる	「守りの人材」に加え、新たな将来価値や地平を切り開く「攻めの人材」、上司に時には反発する力のある「自律的な人材」を昇進・昇格ポートフォリオに組み込むことができる

がどのように変化していくのかを概観しましょう（表2）。

それでは具体的にデジタル化によって何が可能となるか代表的なポイントを見ていきましょう。

①昇格後に活躍できる人材を見つけることができる！　昇格論文を有効活用できる！

昇格前までは活躍していた人材が、昇格した途端に全く活躍できなくなってしまったということはないでしょうか。昇格前の期待が大きいほど、期待が裏切られた際の落胆は大きいものです。昇格の方式には大きく二つの方式があります。

入学方式：昇格後の役職を十分全うできる能力があることを証明して（試験の入学と同じように）、昇格する方式

卒業方式：昇格前の役職を十分全うできる能力があることを証明して、次のステップにほぼ自動的に進み昇格する方式

昇格後の期待が裏切られやすいのは、卒業方式です。理由は明確で、昇格前の役職と昇格後の役職で求められる能力が異なっていた場合、そのギャップを埋めることに苦戦する方が多いからです。

入学方式は卒業方式ほどのギャップは出ませんが、それでも昇格後に期待できないことがあります。大半のケースでは、昇格後の役職に求められる知識・スキル・経験といった潜在能力要件の確認はしても、顕在能力要件（コンピテンシー）の確認を怠ることから生じます。マシンアセスメントによって事前に現在のコンピテンシーの発揮状態を可視化していれば、昇格後の活躍が予測できます。

現行の論文審査データを有効活用：

多くの企業では昇格審査で「昇格後チャレンジしたいこと」といった昇格論文を作成されていると思います。この昇格論文と成果行動事例をもとにマシンアセスメントを活用した昇格審査について見ていきましょう。

顕在能力であるコンピテンシーの確認：

まず過去の成果事例を2例作成してもらい、その結果をマシンアセスメントで顕在化しているコンピテンシーを測定。更に面接官がその内容を参考に最終評価を決定しました。

潜在能力である成果（ゴール）イメージの確認：

次に昇格後、新しい役職に就任した際に具体的にどのような課題に取り組み、何を目指すかの論

図1　昇格審査論文を活用したコンピテンシー情報抽出

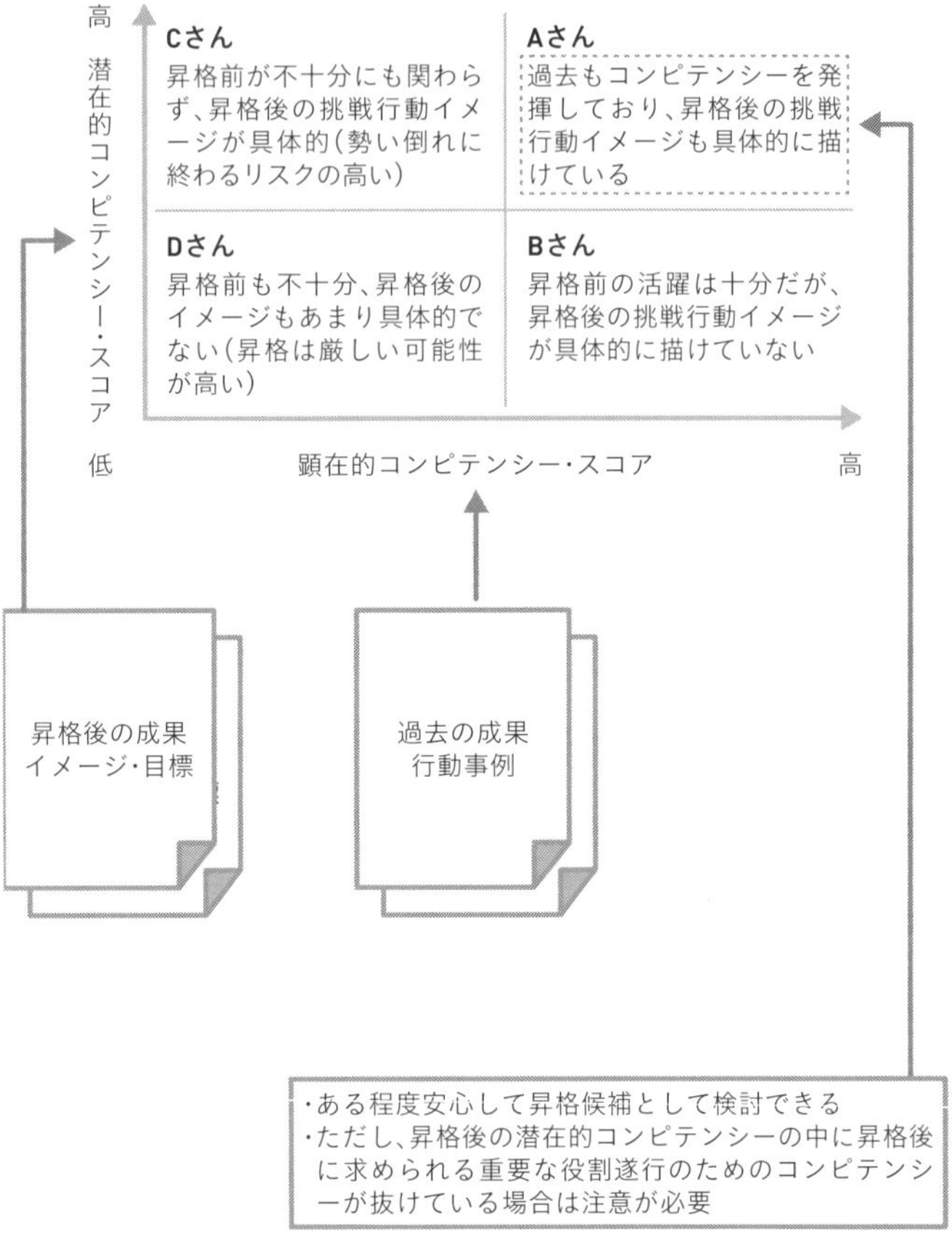

文を作成してもらいました。この論文内容をマシンアセスメントで同様に測定しました。**図1**がその結果です。Aさん、Bさん、Cさん、Dさんは、4名とも係長への昇格候補者だったのですが、明らかに傾向が違うことが分かります。

Aさん：昇格前の職務においてもコンピテンシーを発揮しており、更に昇格後のゴールイメージもクリアに行動レベルで具体的に描けているという結果になっています。昇格候補者として安心して推薦できるでしょう。

Bさん：昇格前の職務においてはコンピテンシーを十分発揮していましたが、昇格後のイメージはあまりクリアに描けていないようです。昇格後のスタートがうまくいかない可能性があるので、上司がフォローしてあげる必要があるでしょう。

Cさん：昇格前の職務でコンピテンシーが十分発揮できていません。にも関わらず、昇格後の野心は大きいようです。このような方は残念ながら勢い倒れになる可能性が高いとも言えます。まずは、現在の役割でもっと研鑽を積むよう促したほうがよいでしょう。

Dさん：こちらは双方十分ではありません。昇格してしまうと、周囲も本人も不幸になってしまいますので、不足している部分をしっかりとフィードバックして、力をためて次回にチャレンジしたほうがよいでしょう。

もちろん、この例は４名程度ですのでマシンアセスメントがなくてもできると思いますが、これが数百名以上の母集団であった場合、昇格後の活躍可能性や配置を検討する上で、マシンアセスメント結果があるほうが大いに参考になるのは間違いないでしょう。

②上位職に必要な育成課題、開発課題を見つけることができる!

部下からよく聞かれる質問に「どうやったら昇格できますか?」といったものがあります。勿論、昇格というのは組織内のポストがあったり、給料の関係もあるので業績であったり、様々なものが影響してくるものではありますが、原則昇格すれば、より難しい役割・職務を任されることが多く、求められる能力も多様かつ高いものになるでしょう。マシンアセスメントを効果的に活用することで、上位職に必要な育成・開発課題を見つけることができます。

図2をご覧ください。これはある方の直近3年間のコンピテンシー発揮状況です。また昇格後の上位職の「Job Description」も明示されており、特に既存の方針・計画のもと実行推進する今の役割を越えて、「ビジョン設定行動」「戦略思考力」の発揮が強く求められています。このようなデータから上司や人事は、Aさんに対して明確な育成・開発課題を提示し、それを克服するための指導

図2 育成・開発課題の可視化によるコミュニケーションの円滑化

Competency Assessment Result

		FY15	FY16	FY17
PLAN	P:情報収集行動	■ 10%	■ 15%	■ 7%
	P:分析行動	■ 10%	■ 10%	■ 15%
	P:洞察			
	P:仮説志向			
	P:問題解決行動	■ 10%	■ 15%	■ 10%
	P:創造性			
	P:改善行動			
	P:ビジョン設定行動	上位職に必要なコンピテンシー		
	P:戦略思考力			
	P:意思決定行動			
	P:計画行動	■ 30%	■ 35%	■ 35%
	P:組織構築行動			
DO	D:達成行動	■ 30%	■ 35%	■ 35%
	D:自律行動	■ 30%	■ 20%	■ 10%
	D:伝達行動			
	D:組織運営	■ 20%	■ 20%	■ 20%
	D:動機づけ行動	■ 10%	■ 15%	■ 15%
	D:対人影響行動			
	D:関係構築行動			■ 10%
	D:場づくり行動			
	D:顧客志向行動			■ 10%
	D:組織感覚			
	D:交渉行動			
	D:チームワーク	■ 20%	■ 20%	■ 18%
	D:人材管理	■ 15%	■ 20%	■ 14%
	D:ダイバーシティ対応			
SEE	S:確認行動			
	S:学習			
	S:柔軟性			■ 10%
	S:執拗さ	■ 5%	■ 10%	■ 10%
	S:自己管理			
	S:論理思考			
	S:EQ			

を行うことができるようになります。

「いや、上司がわかっているならば、マシンに頼らずやればいいではないか?」という声が聞こえてきそうですが、上司はこのような結果がなくとも正確な評価をし、適切な開発課題を提示できるでしょうか。おそらく難しいと思う上司が多いと思われます。また往々にして上司の中には、**短期の業績、効率的な業務遂行を重視するあまり、部下の能力開発を後回しにしてしまう人もいます。**そうなってしまうと、いつまでたっても上位職に必要な開発課題を克服するチャンスを失ってしまうのです。上司という人間の評価力のバラツキに依存せずに、昇格すべき人にそのための機会とチャンスを与えることは大変重要なのです。

③大量の候補者から「隠れた人材」を見つけることができる!

これは昇格というよりは、いわゆる次世代リーダー層の選抜や、次世代リーダープールを作る時に出てくる課題です。通常、このプールに入れる人材というのは、現場の直属上司の推薦等で選ばれることが多いです。そうなると、上司は好き嫌いで選んでいないと言えるのか、新しい時代のリーダーにふさわしい人材ではなく、オールドタイプの人材像に基づいて人を選んでいないのか、本当に選ばれるべき人が選ばれているのかといった懸念が出てきます。要は埋もれた、隠れた人材がいるのではないかということです。結局、物理的制約によって致し方なく上司推薦という手法をとっている会社がほとんどでしょう。

ただ往々にして、会社を変える、新しい世界をつくるチェンジメーカーというのは、辺境にいたり、今の上司からは嫌われたりしているものです。マシンアセスメントであれば、対象人数が100人であろうと1万人であろうと10万人であろうと、上司推薦以外の方法でコンピテンシーが高いキラリと光る人材を見つけることが可能になります。

2. 昇進・昇格審査業務におけるマシンアセスメント活用方法

①現在、活躍している上位職の能力特徴を把握する

・どのような能力を持った人材が昇進後に活躍しているのかを可視化する
・一方で、どのような能力課題を持った人材が伸び悩んでいるのかを可視化する

昇進・昇格業務におけるマシンアセスメントの活用方法を具体的に見ていきましょう。マシンアセスメントであれば、上位職に求められる能力的特徴を効果的かつ効率的に可視化することができます。最も丁寧なアプローチとしては、まず上位職全員分にマシンアセスメントを受けてもらいます。その中で上位職全体を活躍群と非活躍群に分けます。活躍群が発揮しているコンピテンシー的特徴が、上位職で求められるコンピテンシーと言えます。これはボトムアップ型のアプローチですが、その上で、自社の戦略要件、今後の上位職に求めたい要件を演繹《えんえき》的に整理し、トップダウン型で要件を整理することもできます。

一方で、非活躍群のコンピテンシー的特徴を分析することで、伸び悩み層の特定と原因仮説を構

築することも可能です。理想的に言えば、現在活躍している上位職群の、昇格前のコンピテンシーデータがあれば、そのギャップや傾向を比較することで、どの要件を重視すべきかがより明確になるでしょう。

以上のプロセスを経ることで、昇格後活躍可能性の高い人材群が持つべき能力的特徴を抽出することができます。なお、通常このようなアプローチは、コンサルタントを雇って３ヵ月〜半年程度かけて行うものです。しかし半年かけて、要件だけが決まりましたというのでは、あまりにも費用対効果とスピード感がないと言えます。**マシンアセスメントをうまく活用すれば、１ヵ月以内に要件の特定までは進めることができる**でしょう。

また、人手であればインタビューできる対象群にも限りがあります。マシンには処理対象数に制約がありません。よって母集団全体の傾向を把握した上で、適切な昇格要件の検討をスピーディーに行うことができるのです。

②昇進候補人材を評価する

- **昇進しても活躍できそうな人材をマシンアセスメントで分析する**
- **昇進に課題を抱える人材の育成課題を分析する**

昇格要件の具体化が終われば、いよいよ昇格候補人材を評価します。昇格候補者100名にマシンアセスメントを行ったとしましょう。事前に決めた昇格要件とのマッチ率を見ると、要件との一致率が高いHigh層、ほどほどMiddle層、低いLow層の三つに分類でき、それぞれの比率は、「30%：30%：40%」でした。

更に、要件一致High層の中でコンピテンシー発揮の安定性が高い順でランキングしました。コンピテンシー発揮の安定性というのは、今回は昇格ということなので成果事例を3事例とったためです。3事例のスコアギャップが小さいほど安定感があるという形になります。もちろん、コンピテンシーだけで昇格を判断するわけにはいきませんので、その他の要素（意欲、過去の成果等）も念のためチェックした上で、最終的には面接を通じて合否を判定する形が多いでしょう。しかし、High層は、よほどのことがない限り上位職でも活躍が期待できると言えます。

逆にMiddleからLow層の人材に対しては、昇格できる層とそうでない層に分かれそうです。しかしこのような層に対して、人事としてはこれまで合格あるいは不合格以上のメッセージを発信してこなかったのではないでしょうか。

「昇格はするのだけど、本来は上位職に求められるXXが不足している」
「今回は昇格できないのだけど、XXを解消すれば昇格することができる」
というメッセージを伝えたほうが、より効果的な昇格運用ができるのではないでしょうか。

例えば、Low層に位置するAさんの事例を見てみましょう。昇格試験に実は3回チャレンジしていますが、なぜ毎年落ちてしまうのかAさんは理解していませんでした。Aさんの上司も「自分の政治力のなさが原因」と言う始末です。実際は純粋に必要な能力が不足しているので、それを伸ばすための努力を上司と相談すべきでした。今回の例であれば、Aさんに足りないのは明らかにプロジェクトマネジメント力でした。すなわち計画し、進捗《しんちょく》管理を行うというマネジメントに懸念を持たれ続けていたのです。

このようにマシンアセスメントを効果的に使うことで、正しい努力の方向性を提示することができるようになるのです。

③昇進後のフォローを計画する

- ・個々人に、上位職としてどのような「能力」を発揮すべきかをフィードバックできる
- ・今後のキャリア計画を立てることができる

上位要件を満たして昇格した人は良いのですが、〝運よく〟昇進してしまった人にはどうすればいいでしょうか。このような人には、昇進・昇格はしたものの仮免許中である旨をしっかり伝えな

いといけません。明確に上位職の要件として求められるＸＸが不足していることを理解してもらう必要があるのです。

本来はこのような状況は避けるべきものです。なぜならば、人間は昇格前がやはり強制力もあり、自身の能力課題に真摯《しんし》に向き合う人が多いからです。結果的に運よく昇格したタイプは昇格後に苦労することになります。人事としては、そのための教育プログラムやフォローも検討しておく必要があるでしょう。

上位職として何が必要かを明確に提示することも可能です。会社風土により異論があろうとは思いますが、昇格合格者の中でのコンピテンシースコアの位置づけを示すことも一定の刺激となるでしょう。

また、このマシンアセスメントデータは当人のキャリア計画にも活用できます。往々にして、キャリア計画というものは自らの経験領域によってのみ語られることが多いのですが、ここにコンピテンシー軸を持ち込むことで、より立体的なキャリア観を描くことが可能です。

Ｘさんはキャリア研修の前に、一般社員時代、主任時代、課長時代の三つの時代の成果事例を作成しました。この３事例をマシンアセスメントにかけてコンピテンシーを抽出します。

Ｘさんは三つの時代のスコアを並べていて気づきました。コンピテンシー特徴のスコアを見てみると、圧倒的に分析・仮説領域のコンピテンシーが継続的な強みとして発揮されているのです。そして、チームワークや人材育成のコンピテンシーはあまり発揮されていませんでした。このデータがない時には、Xさんは自身のキャリアを「財務部のマネージャー」と漫然と考えて、後進の人材育成に取り組もうと考えていました。

しかし、どうやら自分はピープルマネジメントに興味がない点や、他のキャリア研修受講者のスコアと比較して高い分析力があるので、この会社でより分析力を活かせるキャリアはないかと考え始めました。そのような議論を人事の方としたところ、「実は、人事部で分析能力の高い人を求めている」という話があり、これまで財務・経理一本槍だったXさんは、人事という領域に幅を広げていくことにも強く興味を持ったのです。

このように個人にとっても組織にとってもキャリアの広がりをこれまで以上に持たせることが可能になるのです。とかく、昇進・昇格・キャリアというのは、感覚的かつ感情的な議論になりやすいのですが、データに基づいた合理的な判断・努力というものは、組織も個人もハッピーにするものではないでしょうか。

Column

4 となりのラッドさん――現代版ラッダイト（機械破壊活動）運動

「ラッダイト運動」とは産業革命の最中、機械使用の普及により失業の恐れを感じた労働者が起こした機械破壊活動です。本書で紹介したマシンアセスメントは、これまでになかったツールでもあることから、ある種の方々にラッダイト運動に近しい感情を誘発することがあります（「ネオ・ラッダイト運動」とも言うようです）。

とある組織の人事部の方にマシンアセスメントを説明していた時のことです。人事部長や事業部長は大変乗り気でしたが、その横にいた評価・昇格課長さんが非常に渋い顔をしていることに私は気がつきました。

この会社の人事部では、育成・研修課、採用課、評価・昇格課といったように機能別に課が設定され、評価・昇格課は他の課長に比べ高いポジションにあり、筆頭課長と言われるポジションでした。評価・昇格課の権勢、自身の課長としての役割が機械に奪われてしまうのではないかと本能的に察知されたのでしょう（本当は、むしろ機械を使って高度な課に生まれ変わるチャンスだったのですが……）。

なんと、あれほどミーティングでは評判が良く、前向きな反応だったにもかかわらず、その後全く連絡がこなくなってしまいました。おそらく評価・昇格課長さんが戦略的サボタージュをしているのではと推測していました。弊社内ではこのようなことが起きた場合、「ラッドさんが出た（ラッダイト運動の語源がネッド・ラッドという若者の名に由来するという一説がある）」と言っていますが、私は若干その組織の将来に不安を感じてしまうことがあります。

なお、その後のエピソードですが、3カ月ほど経過した後に、ミーティングに同席していた課長さんの部下（この方は人事変革への熱意もあり、熱心に導入を検討されていました）がこっそりと連絡してきて、我々の想像通りのことが社内で起こっていたことを知りました。更に1年後、この部下の方が昇進して採用課の課長になったタイミングでマシンアセスメントの導入が、まずは採用領域で決定したのでした。残念ながら、ラッドさんの牛歩戦術は失敗に終わってしまったのでした。

第5章

デジタル化による人事業務革新「人材育成編」

1. デジタル化により人材育成業務でできること

〝人材育成の肝〟とは何でしょうか。植物を例に考えるとわかりやすいと思います。種子が芽吹くための良質な環境（太陽・水・肥料・土壌環境等）・刺激（寒暖、枝の間伐、音楽等）、そして今、その種子に何が必要かをモニタリングして調整する評価機能が必要になってくるでしょう。何より種子自体の強さが大事なのは言うまでもありません**（表1）**。

自分の強みと課題を正確に把握し、日々の職務に流されずに、意図的に改善・成長への取り組みを行っている方が組織の中にどの程度いるでしょうか。そして、そのための対話がどの程度行われているでしょうか。その方の成長に結びつくための仕事や役割の与え方について、上司はどの程度意識しているでしょうか。

表1 人材育成の肝

人材育成基盤		主な方法
評価機能	強みと課題の特定	上司評価
		自己評価(内省機会)
		各種アセスメント
環境・刺激	OJT環境・刺激	経験刺激:昇進・昇格
		経験刺激:新たな職務・役割設計、異動
		経験刺激:育成目標・テーマ
		対人刺激:ロールモデル、他者の経験
	OFF-JT環境・刺激	知的刺激:研修機会
		対人刺激:コミュニティ・ピアプレッシャー
		対人刺激:メンタリング、コーチング
当人の自覚	キャリアビジョン	キャリア面談・One on One
	意思・やる気	当人任せor上司面談

簡単なチェックリストを作りました。自社の人材育成状態をアセスメントしてみてください。

□自社では上司による部下の能力評価は適切にできており、上司は部下の強みと課題を正確に把握できている

□上司は、部下が強みを活かし課題を克服できるよう自信を持ってコミュニケーションできている

□自社の社員は、自身の強みと課題を自覚・内省するための機会と時間が十分に与えられている

□上司評価・自己評価だけではなく、多角的な観点や専門的なアセスメント・ツールを活用して強みと課題を把握する機会が定期的に十分用意されている

□昇進・昇格の機会をうまく利用して、社員の課題を克服するための仕組みが用意されている

□事業上の成果創出だけではなく、長期的な観点で部下の成長を促すために、上司は部下に与える役割・仕事の性質を勘案し、成長の場をデザインしている

□当人の成長を加速させるため、チャレンジングな目標設定や課題克服のためのテーマを意図的に与えている

□当人が成長の参考とするためのロールモデルや他者から学ぶ機会が豊富にある

□当人が必要なタイミングで、必要な内容の知的刺激・学習が可能な仕組みが用意されている

□当人が多様な考えや経験に触れて、成長へのきっかけとなるような対人刺激の場が用意されている
□当人がこれまでのキャリアを振り返り、将来のキャリアビジョンを考えるような機会がある

過半数にチェックが入った会社は、おそらく大きな問題はないと思います。しかし大半の方は、ほとんどチェックが入らなかったのではないでしょうか。このような状況の中で、チェックリストを全て埋めるためにあらゆる施策を企画し、実施していこうと考えるのは、実はセンスが悪いと言えます。むしろ、このチェックがうまく流れるために核となる要素が何で、その核を押さえれば、他が自然とまわるような仕掛けを用意できないだろうかと考えることが重要になります。

結論から言えば、**人材育成で最も重要なのは、気づきの場のデザイン**です。当人が正確に自身の強みと課題を自覚的に把握することです。更に言えば、気づきを生む回数という量的側面が重要です。簡単なようでいて、実はこれが一番できていません。

成長には、煎じ詰めると三つの要素が必要です。

１：成長への意識・ビジョン（当然です）

２：気づきのデザイン（強みと課題の正確な把握、定期的な機会付与）
３：良質な刺激（強み伸長・課題克服のための刺激（経験刺激、知的刺激、対人刺激等）の用意）

往々にして気づきのデザインを放置して、人材育成と言えば、知的刺激の一つである研修の充実に走る組織が多いのではないでしょうか。しかし「気づきがない人＝必要性を感じていない人」に、必要性のない刺激を加えても意味がないのは周知の通りです。これは子育てにおいて、子供のために大量の参考書を買ってあげる親御さんの行動と似ています。子供が自分から「必要だ」「欲しい」という意思を表明する前に、親心から先回りして準備したものに対して、意欲的に取り組む子供は少ないでしょう。

気づきのデザインをもう少し分解すると以下の要素に分解できます。

気づきの内容（質）：当人が納得しうる客観性の担保、人間が持つ多様性の内包など、気づきの内容の質的側面
気づきの機会（量・回数）：定期的に内省する機会、変化・成長を知覚するための機会の多さなど、気づきの機会の量的側面

人材育成がうまくいっていない組織の場合、この両輪がともに悪くなっていることが多いと言えます。気づきの質という面で言えば、頼りない上司評価、たった五つの能力評価項目では十分な気づきが担保されていません。一方で３６０度評価や適性検査、研修形式のアセスメント、評価者研修等で気づきの質をカバーしようとしている組織は、どうしても実施コストが負担となり気づきの量が不足しがちです。会社で20年働いているのに、しっかりとした外部アセスメントを受けて自身の強みと課題を把握したのは、長いキャリアで1~2回だけというケースも珍しくないでしょう。

リーダー開発の現場では、複数回の頻繁なアセスメントというのが必須です。これは当人に気づきの機会を与えるとともに、成長への圧力をかけているとも言えます。実際に気づきの量が多いほうが、明らかに成長加速をしています。しかし、これまではコストやテクノロジー的限界から一部のリーダー候補にしかこの手法は適用されていませんでした。これを全社員に適用できるようになったのが、デジタル人事時代の人材育成の革新と言えるでしょう。

それでは、デジタル人事の核であるマシンアセスメントによるコンピテンシーの可視化によって、これまでとこれからで何が変わるかを概観してみましょう。あまりに多くのことが実現できることに驚かれることでしょう。しかし、これらの変化は実際に今、デジタル人事を先行して導入している企業で起こっている現実なのです（**表2**）。

表2　人材育成業務の「これまで」と「これから」

これまで	これから
気づきの機会提供は、一部のリーダー候補に限定されており、回数も職業人生の中で数回しかなかった	全ての社員に頻繁に気づきの機会提供ができるようになり、回数は職業人生の中で10数回以上も可能となる
当人のキャリア・成長を加味しない会社都合のみの仕事・役割の割り振りや異動が行われやすく、メッセージ性・意図性を持ったコミュニケーションができない	当人のキャリア・成長を加味した仕事・役割の割り振りや異動など、メッセージ性・意図性を持ったコミュニケーションができるようになる
評価力のある上司とそうでない上司の差といった運・不運によって成長が左右されざるを得ない	評価力のない上司の底上げがはかられることで、気づきの質が向上し、運・不運に左右されにくい成長が実現できる
階層のフラット化で、多数の部下を持ってしまった場合に、一人ひとりの能力把握が難しい	階層のフラット化で、多数の部下を持ってしまった場合でも、一人ひとりの能力把握の効率が良くなる
個別性を把握するのが難しいため、一般的・全体的な刺激・プログラムにならざるを得ない	個別の強み・課題を把握した上で、セグメント特徴に応じた成長のための刺激・プログラムをデザインできる
研修受講者の事前の問題意識・モチベーションに左右され、研修・コーチング等の費用対効果が悪い	研修・コーチング等の受講者が、事前に問題意識を強く持って参加できるようになり、研修の費用対効果が良くなる
当日の満足度以上の研修プログラム等の施策の効果測定ができない	研修で学んだことを実際の現場でどう実践・応用しているかの観点を含めた上で、研修プログラム等の施策の効果測定ができるようになる
ハイパフォーマーやロールモデルが退職・転職してしまうと、コンピテンシー的ノウハウが簡単に失われる	能力開発や成長推移データ、ハイパフォーマー/ロールモデルデータを蓄積しライブラリー化することで、保存・検索・活用が可能となり、能力開発の底上げが可能となる（コンピテンシーの伝承・横展開が可能となる）
気がつけば、特定の組織・部署で塩漬けになっており、成長が停滞している人材が生まれてしまう	組織内にある“育ちの場”“気づきの場”の特徴を可視化し、戦略的な育成目的での異動・配置が実現できるとともに、長期間の塩漬け人材を特定・再配置できる
360度調査を導入しては見たものの、回答側の態度がいい加減で、あまり気づきにつながっていない	360度調査を、本当の気づきのデザインに変えることができる

では、いくつかのポイントを見てみましょう。

①全社員に気づきの機会を頻繁に与えることができる！

課長のAさんは、これまで何でも自分がやらないと気がすまない性格で、部下の仕事も含めてドンドン口を出して、部下の仕事も自分がやってしまうような〝ハンズオンマネジメント（hands-onと言い、頻繁に手を出し、口を出すマネジメントのやり方）〟が自身の勝ちパターンとして確立していました。このような人材を、更にレベルアップするには何が必要でしょう。放っておいても、このような人材が自然にレベルアップすることは滅多にありません。

注意が必要なのは、「Aさんが成長しないということはAさんの部下も成長しない」「Aさんのキャリアも広がらない」「Aさんがいなくなると組織が崩壊する……」というように、実は問題が波及していくことです。上司も薄々と問題は感じながらも、「業務が一応まわっているから……」という理由で、Aさんの課題をあえて強く指摘してきませんでした。注意することで、Aさんのモチベーションが落ちてしまうことを恐れていたのです。

この組織では執行役員昇格時に外部のコンサルタントや３６０度評価、パーソナリティ、アクションラーニング等の研修を行うといったアセスメントの機会があり、おそらくそのタイミングでこの課題は顕在化したはずです。しかし、そのタイミングでは遅すぎるのです。勿論、部下のマネジメントや権限移譲、コーチングの研修はあるようですが、Aさんは業務上の多忙を理由に参加しませんでした。

このような状況の中で重要なのは、まずAさんの状態を適切に評価・可視化することです。コンピテンシーのデジタル化によって、例えば、**図1**に見るように他のラインマネージャーと比較して、Aさんは明らかに動機づけ行動、場づくり行動、人材管理、ダイバーシティ対応等のコンピテンシーが劣っていることが見てとれます。

このような形で、まず現状を本人に正確に理解してもらうことが必要でした。問題意識が高い方であれば、この結果を見ただけで改善しようという意欲を持ち、実際に行動していくでしょう。しかし、これだけではまだピンとこない方もいます（Aさんもそうでした）。そのような場合は、この結果が持つ意味合いを上司・人事が伝えてあげる必要があります。

上司は、ちょうど良い機会だと考え、「このままだと、少人数の部門のマネジメントは任せられるが、大多数の部門のマネジメントは任せられない」「自分が成果を出すだけではなく、他者を活用して成果を出す能力を磨いてほしい」「部下が成長しないと君も次のステージに行けない」といったことを、アセスメント結果を参照しながらAさんに伝えました。Aさんは、客観的なデータと他の課長層との比較を見たことで、自分の課題に少し気づいたようでした。また、上司も実はこの

図1　他者（全社平均）との比較による成長課題の顕在化

Competency Assessment Result

		Aさん	平均（全課長層）
PLAN	P：情報収集行動	10%	7%
	P：分析行動		
	P：洞察		
	P：仮説志向		
	P：問題解決行動	15%	10%
	P：創造性		
	P：改善行動	10%	8%
	P：ビジョン設定行動		
	P：戦略思考力		
	P：意思決定行動		
	P：計画行動	30%	10%
	P：組織構築行動		
DO	D：達成行動	5%	17%
	D：自律行動		
	D：伝達行動	10%	11%
	D：組織運営		
	D：動機づけ行動		15%
	D：対人影響行動	10%	10%
	D：関係構築行動		
	D：場づくり行動		15%
	D：顧客志向行動		
	D：組織感覚		
	D：交渉行動		
	D：チームワーク		13%
	D：人材管理	1%	15%
	D：ダイバーシティ対応	1%	10%
SEE	S：確認行動		
	S：学習	10%	7%
	S：柔軟性		3%
	S：執拗さ	5%	5%
	S：自己管理		
	S：論理思考		
	S：EQ		

〈明らかに不足〉（D：動機づけ行動、D：場づくり行動～D：ダイバーシティ対応）

ようなアセスメント結果を有難いと思ったのです。自分の人を見る目に自信がなく、ぼんやりと思っていた課題認識が可視化されたためです。Aさんとの間のコミュニケーションも円滑になったのです。

上司は、あえてAさんに他者を活かすことを学んでもらうために、Aさんが経験の浅い領域であり、部下や社外の人間をうまくやる気にさせて活用しなければ、成果が創出しにくいテーマを与えました。半年後、再度マシンアセスメントを受けたAさんの結果は、明らかに多様性の活用・場づくり行動が改善していました。

意図的に課題意識を持って行動したことで、マネジメントスタイルに良好な変化が見られ、それが数値化されたことでAさんも前向きになっていました。しかし、動機づけ行動は低いままです。そこで上司は、Aさんに人事が主催している研修プログラムを紹介しました。Aさんは、意欲的に研修プログラムに取り組みました。1年後、結果的にマシンアセスメントだけではなく、360度評価の部下の動機づけに関する項目も改善しました。

Aさんの課題は、約2～3年で劇的な改善が見られました。**おそらく気づきの機会がなければ、Aさんは下手をしたら10年間課題を抱えたままだったかもしれません。**たとえ上司であっても、人の課題を指摘するのは難しいものです。そのような時にコミュニケーションを円滑化するための工夫も必要です。言いたいことを言いやすくするための工夫・ツールを準備するという発想です。

Ａさんにとって**ラッキーだったのは、非常に早いタイミングで課題に気づけたこと**です。これを長期間放置するほど、改善が難しくなります。なぜなら、人の成長課題というのは、これまでの成功体験の否定や学習棄却（アンラーン）を伴うことが多いためです。またＡさんはうまく改善しましたが、一朝一夕に改善しないこともあります。そのためには、定期的にモニタリングしていくことが大変重要になります。

このようにマシンアセスメントというテクノロジーを活用することで、頻繁かつ早期に気づきの機会を提供することができるのです。

②研修の効果が「見える化」できる！

本書の冒頭でも説明しましたが、「研修の効果測定」はこれまで研修担当者の永遠の課題であり懸念事項でもありました。経営者から「研修なんてやって意味があるのか」と言われ悔しい思いをした人事担当者が、経営者が変わった途端に「なんで社員の育成のために研修を実施しないんだ！」と言われ絶句したことがあると聞いたことがあります。研修というのは、それほどその効果のほどを測定するのが難しかった領域と言えます。

しっかりした研修担当者がいる企業では、以下のようなステップで研修の効果測定を行っています。

ステップ１：研修担当者が研修に同席し、研修内容と受講者の反応を観察
ステップ２：研修終了後のアンケートでプログラムの有益度、満足度、講師評判を測定
ステップ３：観察結果とアンケート内容を吟味し、改善案を検討
ステップ４：研修終了後、半年～１年後を目途に再度効果測定を行い、モニタリングする（受講者に担当者が直接個別ヒアリングを行う、３６０度調査や従業員意識調査を行う等）

多くの企業では、ステップ3までの短期的な時間軸での効果測定に終わってしまっているケースが見られます。また、「研修の満足度＝研修の効果」ではないことには注意が必要だと思われます。〝良薬口に苦し〟という言葉があるように、時には満足度を下げてでも成長・学習を促す必要もありますし、研修の効果とは本来学んだことを職場に持ち帰り、実際の成果創出の時に知識・スキル・コンピテンシーとして適用することができて初めて意味があったと言えるものではないでしょうか。

そういう意味では、ステップ4まで実施するのが本来は望ましい効果測定のあり方と言えます。しかし、ステップ4まで実施するとなると、膨大な時間とコストが費やされるのは間違いありません。本来こうすれば良いとわかっているにも関わらず、現状ではできていないことをデジタルでどう乗り越えることができるかを考えることが、これからの人事担当者の頭の使い方になるでしょう。

実際にこのステップ4をマシンアセスメントに置き換えることで、大きな発見があります。受講者全員が研修受講前にマシンアセスメントを受けてコンピテンシー情報を可視化しておきます。その上で二つのグループに分けて、プログラムAとBを受けさせます。AもBも問題解決関連のトレーニングです。

図2をご覧ください。プログラムAは、研修後アンケートによると、受講者の満足度や講師評判は低かったのですが、プログラムの有益度は底々でした。また半年後の効果測定においても、プログラム参加者のコンピテンシーに改善が見られた比率が高くなっています。逆に、プログラムBは、受講者の満足度や講師評判、更にプログラム有益度は高かったのですが、半年後の効果測定においては、参加者の中に研修に関連するコンピテンシーの顕著な伸びが見られる方は非常に少なかったという結果が出ました。

図2　「満足度」を超える研修プログラムの効果測定比較

効果測定の指標例	プログラムA		プログラムB
受講者満足度(5段階)	2.8	<	4.1
受講者有益度(5段階)	3.5	<	4.3
研修講師評判(5段階)	2.7	<	4.5
半年後のマシンアセスメント結果で問題解決行動に改善が見られた受講者比率	45%	>	5%

↓

受講直後のアンケート結果だけでは、本当の効果はわからない

この会社では、今までプログラムBを推奨していたのですが、講師の話のうまさで満足度は上がるものの、本当に現場で役に立っているのはプログラムAであったという検証をすることができました。

このように、従来はよほどの手間をかけなければできなかった研修の効果測定が、テクノロジーによって遂に実現できるようになりました。ポイントは、満足度で効果測定をするのではなく、実際の成果・行動事例を通じたコンピテンシーの伸び具合を検証材料にしているという点です。

③研修の費用対効果を改善できる！

マシンアセスメントによる半年後の効果測定があることで、研修の成果指標を設定することができます。例えば、

- **受講者の平均コンピテンシー伸長率**
- **受講者の特定コンピテンシー伸長率**
- **特定コンピテンシー伸長者の受講者に占める割合等**

です。

このような指標を見ながら、研修の改善を促すことが可能になります。また、より長期目線での本当に意味のあるプログラムへのコミットメントを研修会社や講師からも引き出せるでしょう。

④社員個々人の育成課題が「見える化」できる！

部下を持った管理職の方であれば容易に想像がつくと思いますが、部下の数が5名、場合によっては7名を超えてしまうと、部下一人ひとりの個別の育成課題を把握するのが難しくなってきます。ある企業では、組織構造上、課長の下には30名もの部下がいました。また半分ほどは課長と離れた立地で働いていたり、諸事情があり自宅作業が多いなど、課長が直接把握できない部下が複数いました。

このような状況で従来の人事部の施策は、たとえ人数が増えようとも、

・マメなコミュニケーションを心がけてください
・そのためのITインフラは準備しました
・忙しいと思いますがよろしくお願いします

という**根性論のマネージャーの善意に頼るしか方法がありませんでした**。

しかし、マシンアセスメントによって定期的に能力測定を行うことで、たとえ30名の部下がいたとしても、各部下の強み・課題を一覧形式で見える化することができます。これによって指導の効率化・高速化が実現できるとともに、チームの組み方、組織マネジメントにとって有益な情報をも得ることができます。これまでは個々人の課題把握を諦めていた組織であっても、マシンの力を借りることでマネージャーへの救いの手を差し伸べることができるのです。

⑤階層一律型研修から、個々人の課題に応じた育成を実現できる!

多くの企業では、階層一律型研修が提供されています。特に、管理職手前での部下マネジメント研修などは典型的な研修でしょう。しかし、実際に研修を受けた受講者の反応を見てみると、以下のような反応に分かれます。

「今部下がいないから、受けてもピンとこない」
「今ちょうど部下を持ちはじめたので、ちょうど良いタイミングだった」
「もっと早く受けていれば、部下マネジメントに苦労しなかったのに」

「今更、このような内容を聞いても大してためにならない」

要は、ドンピシャのタイミングで受けるのが効果の一番高いことは当然なのですが、そのタイミングがずれてしまったため、十分な効果が発揮されないのです。

マシンアセスメントを活用すれば、ちょうど良いタイミングを特定することができます。例えば、部下を持ちはじめた社員のマシンアセスメント結果で、全く人材マネジメント系のコンピテンシーが発揮されていない層がいれば、まさに研修の対象者としてふさわしいと言えます。

今後の人事研修の担当者は、個々人のドンピシャのタイミングをどう見つけ、機会を提供するのかといった点を考えることが重要になります。勿論、人事が全てを見つけるのは大変なので、マシンアセスメントの結果を本人に渡して考えさせることも重要です。結果を受け取った本人が30種類のコンピテンシーを眺め、自分に今、何が足りないのかを考えるきっかけづくりとするのが重要なのです。そのための基礎検討データとしてマシンアセスメントを使うことで、個々人の課題に応じた育成が実現できるのです。

⑥どの職場で人材が育ちやすいのか「見える化」できる!

図3は、大阪、東京、東北の各営業拠点における過去3年分のハイパフォーマーのマシンアセスメント結果です。一目瞭然ですが、エリア的特徴から成長を促されるコンピテンシーの種類が違うことが分かります。

東北支店は県内に顧客の拠点が散在しており、自律的に動くことが求められるエリアです。一方、東京支店は拠点が都内に密集しており、中央の動向を押さえることが成果につながるエリアです。大阪はチームワーク的な動きが求められるなど、必然的に同じ営業職でも求められるコンピテンシー、開発されるコンピテンシーが違うことがわかるでしょう。

また、問題解決力や構想力をつけてもらうために経営企画部に役員候補を送り込む風習のある企業もありますが、**図3**に見るようにこの企業の場合、経営企画部で身につく最も大きな能力は、徹底確認力であったことがわかります。大局観や構想力というよりは、どうしても細かな業務が多かったためのようです。

このように、ぼんやりと暗黙知で存在していた組織内の育ちの場を、マシンアセスメントを通じて可視化することができるようになります。

図3　社内における育ちの場の特徴を可視化

		過去3年間での在籍者コンピテンシー項目トップ3		
		1	2	3
経営企画部門		確認行動	組織感覚	交渉行動
営業部門	大阪支店	交渉行動	チームワーク	動機づけ行動
	東京支店	情報収集行動	顧客志向動向	場づくり行動
	東北支店	達成行動	自律行動	対人影響行動
....		....	....	....
....		....	....	....

2. 育成業務におけるマシンアセスメント活用方法

①全社の育成課題を俯瞰する

・個々の社員の能力を分析する
・階層、職種ごとの能力特徴、育成の状況を把握する
・「成果」をあげている社員とそうでない社員の「差」を分析する
・どのような能力を身につければ活躍できるのかを明らかにする

では、具体的な育成業務への実践を見ていきましょう。最初に確認したいのですが、人事部は全社の育成課題を俯瞰して把握できているでしょうか。大抵の場合は、〝否〟だと思います。マシンアセスメントによって、わずか1～2ヵ月程度で全社員の能力を分析することが可能になります。

事業部A、B、Cの合計3000名程度の企業の能力状態をマシンアセスメントで分析しました。ここでは事業部Aを取り上げます。事業部AはＢｔｏＢのＩＴ関連サービス企業であり、受託型の

WEBアプリや携帯アプリの開発支援を行っています。営業・マーケティング部、ソリューションサービス部、ソリューション研究開発部、ソリューション運用部、間接部門（人事、経理、経営企画等）が主な組織です。階層・職種ごとの能力特徴を見てみます。ソリューションサービス部は、営業部門が受託してきた案件を実際にシステム実装して納品する部門です。まず、階層別の特徴を見てみましょう。階層は以下のようなイメージであると考えてください。

スタッフ：入社3年未満の見習いレベル
シニアスタッフ：見習いを卒業してある程度一人前にタスクがこなせるレベル
プロフェッショナル：独自の強み・専門性を持っているレベル
マネージャー：単一プロジェクト・案件をリードできるレベル
シニア・マネージャー：複数プロジェクト・案件をリードできるレベル

図4を見てください。コンピテンシーの総合レベルの分布を見てみると、シニアスタッフまでは大きな差がないものの、プロフェッショナルベル、マネージャーレベルでは大きな差が生じていることが分かります。またシニア・マネージャーレベルになると、逆に差があまりないことが見て取れます。現在事業部Aでは事業が拡大傾向にあり、プロフェッショナルとマネージャーレベルにバ

図４　階層別の能力分布のバラツキを把握

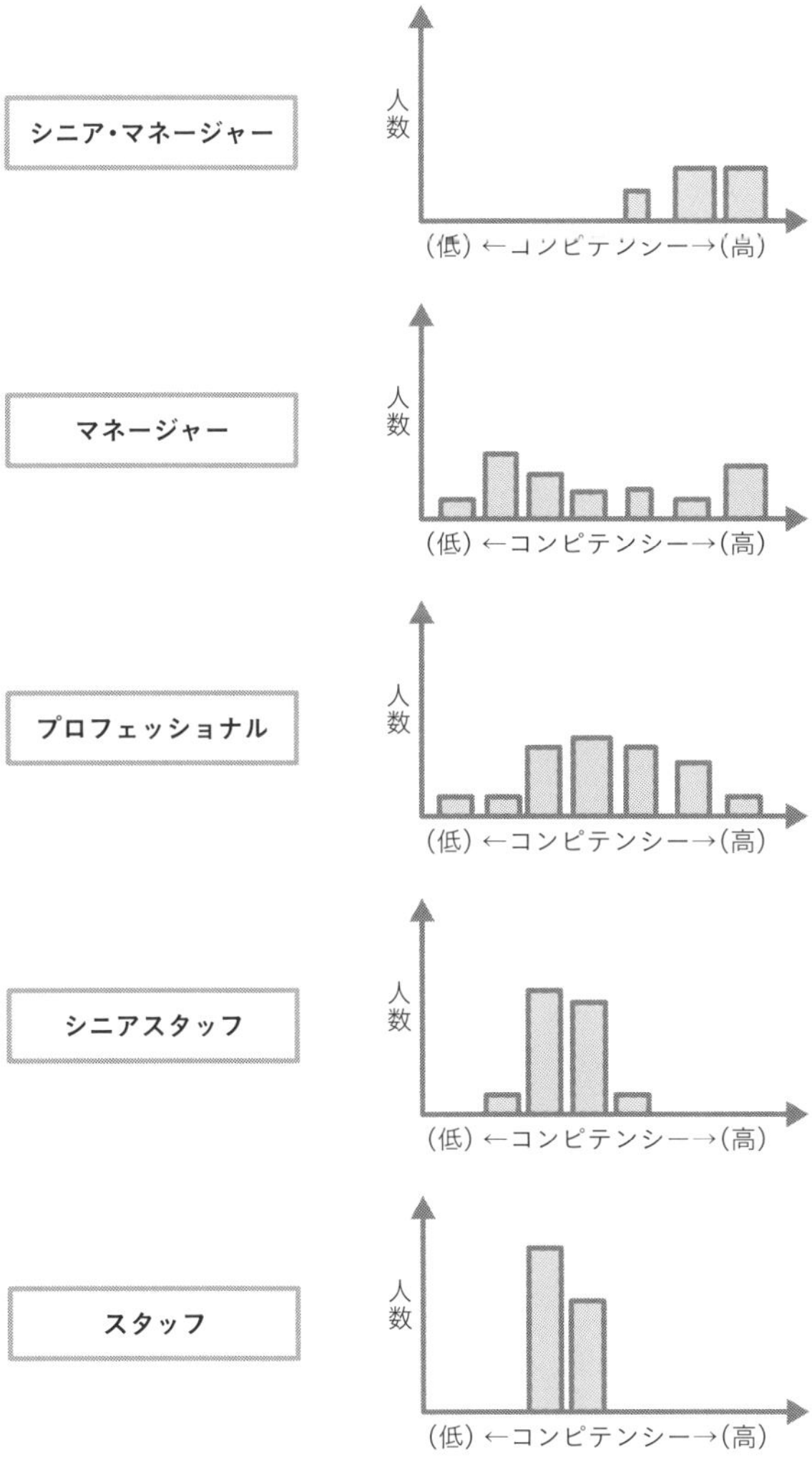

ラツキが大きいというのは看過できない課題でした。

まずプロフェッショナルレベルの社員100名を分析したところ、職種による有意な差はあまり見られませんでした。また職種別の技術レベルについても、プロへの昇格要件であることから、必要な水準は全員が満たしていました。成果をあげている社員とそうでない社員の差は、発揮しているコンピテンシーの種類と強度にありました。

成果をあげており、コンピテンシーも発揮している社員には2種類の社員がいました。

顧客寄り添い型：「顧客志向行動」「組織感覚」「EQ」を高いレベルで発揮

一体感醸成型：「チームワーク」「動機づけ行動」「関係構築行動」を高いレベルで発揮

一方で、成果をあげておらず、コンピテンシー発揮も十分でないグループは、前述のコンピテンシーが全く発揮されていないことが分かりました。この会社ではプロフェッショナル職への昇格では技術面を重視しており、昇格後も研修プログラム等も全く用意していませんでした。しかし、現場ではこのコンピテンシーの差によってパフォーマンスに実際に大きなギャップが生じていたのです。

どのようなコンピテンシーを身につければ活躍できるかがはっきりしたので、今後の昇格後のトレーニングプログラムに反映しつつ、現在コンピテンシーが十分でない層には新たな研修プログラムを企画することができました。また、特に顧客寄り添い型と一体感醸成型のハイパフォーマーの方には、実際のプロジェクトでのトラブル解決例やプロジェクトの進め方のコツを話してもらい、動画で共有するなどコンピテンシーノウハウの共有を進めることが可能となりました。

マネージャーレベルでギャップが生じていたのは、「顧客志向行動」と「意思決定行動」「交渉行動」を同時に発揮しているタイプでした。逆に「顧客志向行動」のみを発揮しているタイプは、コンピテンシーも成果も低い傾向にありました。

個別の事例を分析すると、「顧客志向行動」のみを発揮しているタイプは顧客の言いなりや要求の受けすぎになっており、プロジェクトが赤字あるいは破綻してしまい、チームも崩壊するという傾向にありました。一方でハイパフォーマーは、顧客志向行動を発揮しつつも、うまく期待値のコントロールを行ったり、交渉したりして顧客との健全な距離感を保ちつつ、場合によっては戦略的に優先順位をつけるなどして、顧客との関係性を見極めつつ案件を進めるといった行動が確認できました。

また、ローパフォーマーが直接のカウンターパートのニーズを重視しているのに対し、ハイパフォーマーは直接のカウンターパートを超えた経営ニーズや顧客の顧客といったところまでニーズを把握した上で判断・行動するといった傾向が見えました。人事部にとって、持続的に成果を創出し続けるマネージャーの型が分かったことは大きな発見であり、今後のマネージャー昇格や育成プログラムへの反映が検討されました。

この事業部Aでは中期経営計画で、今後3年間で積極的な拡大戦略と顧客とのコラボレーションを柱に掲げていたため、経営計画実現における重要な人材能力開発課題が早期に見つかったとも言えます。マシンアセスメントで分析しなければ、おそらくこの課題は長い間放置されていた可能性もあったでしょう。

このように全体を一気に俯瞰することで階層・職種別の人材開発面の課題が抽出できたり、打開の契機となる情報を収集・蓄積することが可能になるのです。

②研修・OJTの効果を測定する

・研修の「受講前」の状態を把握する
・課題にあった育成プログラムを組む

・研修の「受講後」に効果を測定する
・研修の効果を評価し、プログラムの見直しを行う

「研修の「受講前」の状態を把握する」ケースの中で、事業部Aのマネージャーレベルの課題に触れました。実際にこの会社ではマネージャー層の底上げが喫緊の課題であり、こちらを例にして研修の効果測定を説明しましょう。

まず、すでにマネージャー層の研修受講前のコンピテンシーの状態はわかっています。先ほど述べたように、「顧客志向行動」「意思決定行動」「交渉行動」の3点同時発揮が重要なポイントでした。そこで人事部では、このコンピテンシーの発揮が十分でない30人に対して育成プログラムを考案しました。

育成プログラムは、

・マシンアセスメント結果のフィードバックと課題の喚起
・成長計画書の作成（ＯＪＴ、ＯＦＦＪ）
・ＯＪＴ、ＯＦＦＪの実施
・効果測定

という流れで考案されました。

最初に、コンピテンシーの発揮状態とハイパフォーマーの特徴について説明し、今後の成長プランを作成するためのセッションを設けました。その中で人事部として用意している研修プログラムを複数紹介しました。またOJTとして対象者の上司群を集め、3ヵ月に1回部下のマネージャーに対してメンタリングするよう依頼をしました。上司群には事前にメンタリング研修を施し、テーマを決めて自身の経験・ノウハウを具体的に伝承するように依頼しました。

「顧客志向行動」の研修プログラムについては、ぴったりのニーズに沿ったプログラムがなかったので、

・顧客＝経営層と捉えて経営視点・視座に立つようなプログラム（A）
・顧客起点マーケティングのプログラム（B）
・自社のシニア・マネージャーの講話（C）

の三つのプログラムを提示して、選択制にしました。

1年後、再度マシンアセスメントで効果測定を行いました。その結果が**図5**です。研修プログラ

図5 満足度だけではわからない本当のプログラムの効果

効果測定の指標例	A群	B群	C群
受講者満足度(5段階)	3.0	4.1	3.8
受講者有益度(5段階)	3.8	4.3	4.5
研修講師評判(5段階)	3.1	4.5	4.2
半年後のマシンアセスメント結果で顧客志向行動に改善が見られた受講者比率	70%	5%	10%
半年後のマシンアセスメント結果でのコンピテンシー全体の総合スコアが伸びた受講者比率	40%	6%	15%
備考			ビジョン設定行動が改善

ムによってA群、B群、C群と分けましたが、明らかにA群の研修プログラム受講者の伸びが良いことが分かります。逆にB群、C群は今一つです。ただC群は、なぜか「ビジョン設定行動」が伸長していました。これは講話したシニア・マネージャーが顧客と共通のビジョンを持つことの重要性を説き続けた結果のようでした。

ただ、研修直後の満足度は、B群＞C群＞A群となっているのが興味深いところです。A群の講師は元経営者の大変厳しい先生で、受講者の直後の満足度は低かったようですが、ショック療法で結果的には一番伸びた可能性があります。逆にB群は、「知識としては参考になった」「面白かった」という声が大きく、満足度も高かったものの実践という意味では効果がなかったことが分かりました。この結果を受けて人事部では来年以降は、AとCの組合せの研修プログラムを企画しました。

このように研修・OJTの効果を測定することで、研修満足度を超えて、実際の現場におけるコンピテンシーの伸長率をもとに、研修の効果測定ならびに見直しを検討できるようになるというのは、人材開発・育成における大きなパラダイムシフトだと考えます。

Column

トンカチと釘の罠

5

アメリカの心理学者アブラハム・マズローの著作がソースともいわれますが、「If all you have is a hammer, everything looks like a nail」という英語の諺があります。直訳すれば「トンカチ（ハンマー）しか持っていなければ、すべてが釘のように見える」という意味です。ツールを一つしか持っていないと、そのツールですべてを解決しようとしてしまう危険性を警告しています。

実際に、一つのソリューションや方法論ですべての人事課題が解決できると喧伝されていると、ゲンナリすることが多いのではないでしょうか。特に「AI」というキーワードとデザインのきれいさに惑わされるケースが多い気がします。人事コンサルティングをしていて最もダメなパターンは、「クライアントのニーズから解決すべき課題を特定する」のではなく、「コンサルタントである自分ができることからのみ発想しようと、無意識的にやってしまうこと」だと思います。

一方で、物事には中心・核があり、その核を突くと一気に問題が解けてしまうという側面もあります。核というのは物事の中心であり、結節点であり、磁場とも言えます。私の趣味の将棋（田舎初段レベルで弱いです）では、多くの駒がきいている場所（駒が進める場所）を焦点と言い、そこへの一手は形勢を大きく変えることが多いように思います。コンピューター将棋の発展においても、評価関数（局面の有利不利を数値化する）の登場と精度向上が大きなインパクトを及ぼしました。職場や組織のリーダー以外の中心人物を見つける時も、10人いるメンバーを順番に「いなくなった時の影響がどれほどの大きさか」と試算して、最も影響が大きいメンバーをその組織の核として考えます（ネットワーク分析で中心性を見つけるアルゴリズム）。

中心を見つけるコツは、なくなった時の影響範囲・インパクトの大きな要素を見つけることだと言えます。マシンアセスメントは人間の能力（コンピテンシー）情報の可視化という重要な側面をカバーしており、様々な人事課題を解決・バージョンアップする鍵になると我々は信じています。評価のない採用、評価のない育成、評価のない配置、評価のない登用、評価のない報酬は機能しにくいと考えるからです。評価というのは、現在地を示す羅針盤であり、センサーでもあります。成長のための健康診断結果かもしれません。もちろん、常に〝トンカチと釘の罠〟に陥っていないかを今後も考え続けることが重要だと、自戒を込めてこのコラムを書きました。

第 6 章

デジタル化による人事業務革新「適材適所編」

1. デジタル化により人材配置業務でできること

人事における適材適所は、企業の戦略を実現するために人材配置を最適化するという目的と、人材資源の活用を最大限に高めるという二つの目的があります。適材適所という人事の言葉は、経営やマネジメントという概念が生まれるはるか昔から軍事組織や政治組織で使われています。例えば、中国史に登場する劉邦（前漢初代皇帝・在位前２０２年～前１９５年）は、彼の最も長けた能力の一つとして適材適所の能力が挙げられています。現代の人事業務でも、一つのゴールとして適材適所が挙げられていますが、その実現はなかなか難しいというのが本音ではないでしょうか。

現代の日本の企業組織において適材適所の実現が難しい理由としては、以下のような理由があげられます。

（1）日本の企業では「適所」のもととなる、職務記述書やポジションや役割に関する定義がなく、ひいては各職務や各ポジションに必要な能力要件が明らかになっていないケースが多い

（2）「適材」に関しては、人材が中心の運営と言われる日本企業においても、実は人材に関する情報は暗黙的な情報が大半であり、明示的な情報は不足している。よって、適材適所を行

おうと思っても暗黙的な情報の範囲に留まってしまう

欧米においても適材適所の概念はあり、「the right person in the right place」と呼ばれています。欧米では昨今、人中心の経営を行っている企業が現れているものの、歴史的には職務中心の組織運営であり、職務記述書が前提としてあり、それに合った人を選んで配置するという運営です。つまり、ポジション要件ありきの適材適所なのです。

かたや、日本の企業組織においては、長期雇用をベースとした人中心の組織運営が行われてきました。日本企業では職務記述書が整備されている企業は少ないため、ポジションの明示的な要件を基にした配置を行うのは困難です。日本で行われているのは、経験則に基づくローテーション、このポジションの次にはここに異動させようというローテーションと、長期的な雇用関係から生ずる「あの人はこういう人だ」「こういう強みや弱みがある」という人材に関する暗黙知的な評判や情報を基にしたポジションへの配置です。

例えば、ある企業の人事担当者とお話をしている際に、「現在は、『有事』の時だから、Xさんのようなタイプの人を事業部長に配置するのがいいと思うのですが、いかがですか」と意見を求められました。私もその話に出たXさんのことをよく知っていたので、「その配置でいいのではないでしょうか」とお答えしたのですが、この会話自体が暗黙知に基づく会話です。このような会話は読者の皆さんも経験があるのではないでしょうか？　日本の企業組織では、人事だけでなく組織全体で、人材に関する評判や暗黙的な情報を共有しているのです。それでは日本の企業組織で行われているこのような暗黙知的な人材配置の有効性はどうなのでしょうか？

社会学の分野では、**集団内に生じる情報を「集団的知性」と呼びます**。日本企業の組織の中で行われてきた、人材に関する判断や評判は、多くの人の評価や判断が組み合わされ積み重なったものであり、まさに集団的知性と呼ばれるもので、一個人の知性を時に凌《しの》ぐものである可能性がありま す。このように、日本の企業組織では組織のポジションに関する明示的な要件がなくとも、集団内の暗黙的な知性に依存する人材の配置が行われてきたのだと考えます。

しかし、**この暗黙的な知性に依存する人事や人材配置には限界があります**。一点目の限界は、情報が分析的でないという点です。「なんとなくこのポジションに向いていると思う」という意見は、正しいかもしれませんが分析的でありません。つまり、その人の何が足りていて何が不足しているのかを把握することができないのです。よって、**仮説‐検証サイクルやPDCAサイクル［Plan（計画）→Do（実行）→Check（評価）→Act（改善）の４段階を繰り返す継続的改善手法］がまわりにくい**というマネジメント上の明らかな欠点があります。

二点目の限界は、集団的につくられる暗黙的な情報は、**情報がつくられるのに非常に時間がかかる**という点です。これまでのように、企業を取り巻く環境がそれほど急激に変化をしない時代ですと、前述した暗黙的な情報に基づく人事や人材の配置が十分に働くことができたと思われますが、現在のＶＵＣＡ［Volatility（変動性）・Uncertainty（不確実性）・Complexity（複雑性）・Ambiguity（曖昧性）］と呼ばれる先の見えにくい経営環境の中では、暗黙的な情報がつくられるのを待っている時間の余裕はありません。

このように、従来の日本の暗黙知に依存する人材配置は限界を迎えつつあると考えます。そのような状況の中で、今後どのような形で人材配置施策を行うべきでしょうか？ 欧米流の職務記述書を中心とした人材配置が日本の企業組織が向かう先でしょうか？ 我々はそうは思いません。新たなデジタル技術の活用による人材の分析技術こそが、人材配置のあり方も変えつつあるのです。

①企業戦略に応じた登用・配置が迅速にできるようになる！

人材の適材適所につながる**「配置」業務の一つの目的は、企業の戦略を実現するため戦略のコアとなるポジションに適切な人材を配置する**という業務です。戦略から求められる人材を定義し、それを満たす人材を配置することです。つまり、戦略を実現するに「ふさわしい人材を見つける」ことが必要になります。

例えば、顧客のニーズを把握しそれに徹底的に応える「顧客志向戦略」を今後とっていくという場合に、「顧客志向性」の高い人材を社内から探し、その人をモデルケースとしたり、リーダーとして任命することが可能となります。また、M&Aなどを今後の戦略の柱にする場合には、その担当者はM&A担当者としてのいくつかのコア能力が必要とされます。代表的なものとして、「交渉力」「計画力」「対人関係構築力」「対人影響力」「戦略思考力」「情報収集力」「洞察力」などでしょう。

このような能力を備えた人材を**客観的な尺度で、多くの人の中から選ぶことは、従来ではなかなか難しいことでした。**しかし、人材評価のデジタル化の活用により、**今後はアセスメントの専門家と同等の人材の能力に関するデータを迅速かつ数多く集めることができるようになります。**これにより、数多くの人材の中から戦略に沿った特定の能力を持った人材の選定が可能になります。

②各ポジションで活躍できる能力要因を把握、特徴に合った人材を配置できるようになる！

適材適所を実現するには、戦略上重要なポジションだけでなく、様々なポジションでどのような能力を発揮すれば良いのかを的確に把握し、その特徴に合った人材を配置できるようにすることが必要です。そうすることで、様々な人材の特徴を最大限に活かすことにつながります。

特に、転職が一般的になったとはいえ、長期雇用がまだ多い日本企業の組織では、転職により自分の特徴に合った仕事を探しながら、仕事への満足度をキャリアを通じて上げてゆくのではなく、現在働いている会社の中で自分の適性に合った仕事を見つけることや、現在の仕事の中で自分らしさを発揮することが、社員一人ひとりの満足度やひいては自己実現につながると考えます。そのためにも、適性を把握した上での配置を行い、社員の仕事の成果と満足度を上げる努力が人事には求められるでしょう。

それでは、各ポジションが必要とする能力を把握するにはどのようにしたらよいのでしょうか？把握するにはいくつかの方法があります。一つは、既に述べたような職務記述書のように職務の分析を通じ、各ポジションや職務に必要な能力要件や人材要件を明らかにし、それに合った人材を配置してゆくという方法です。二つ目には、専門家の人材アセスメントを通じて人材の特徴を明らかにし、そのアセスメント結果をもとに適材適所を考えるという方法です。

しかし、これらの方法にはいずれも実行する上での難しさが存在します。読者の方はよく知っているかもしれませんが、**職務記述書の作成も専門家による人材のアセスメントも、実行するには非常に時間と手間、費用がかかります**。そのため、日本の企業においてこの方法はなかなか広がりを見せませんでした。

ただ、昨今の**テクノロジーの進化により新たな方法が現れました**。それは、**各ポジションで活躍している人や成果をあげている人に関するデータをテクノロジーで分析することで、各ポジション**

で活躍する要件を抽出することができるようになったという点です。つまり、職務記述書を作成しなくても、職務やポジションに関する要件を簡単に作成することができるようになったのです。

また、同様に社員のデータを定期的に分析することも、すでに述べてきたように非常に迅速かつ簡便にできるようになっています。つまり、同じモノサシで測った全社員の能力の最新のデータを企業は常に持つことができるようになってきているのです。テクノロジーが抽出した職務の要件に合った人材を、社員の人材データから探し出すことは非常に容易になりました。テクノロジーの進化により、多くのポジションと多くの人材のマッチングが可能になっているのです。

③自立的なキャリア開発による最適人事へ

キャリア開発という概念は日本にも随分と広まってきましたが、新卒から定年まで勤めあげることが多い日本の企業組織では、各社員が社内の労働市場の中で各自のキャリアをつくっていく必要があります。

VUCAのような時代には、中央ですべての人材配置をコントロールするのではなく、社員が経営者と同じ危機意識や果たすべき役割や貢献を自覚し、自らのキャリア開発も考えながら、社内のポジションに応募し活躍してゆくような仕組みが理想の組織運営となるでしょう。このような組織運営は、現在注目をされつつあるティール型組織に通ずるものがあります。それでは、そのような組織になるためにはどのようにしたら良いでしょうか?

社員が自立的にキャリア形成をしてゆくためには、**各自の「自分のキャリアは自分でつくるものだ」という意識がまず必要**になります。加えて、その意識を支える具体的な仕組みが必要になります。２０００年代にかけて社内公募制度というものが各社に導入され、自立的なキャリア形成を促すものとして位置づけられました。しかし、**自立的なキャリア形成を促すには、このような公募制度だけでは不十分と考えます。**

自立的なキャリア形成を促すには、二つのことが必要になります。**一つは、自身に対する客観的な振り返りです。**自分自身に関する「気づき」や「理解」が必要です。自分自身がどのような強みや弱みを持った人間であるのか、何をしている時に楽しさや嬉しさを感じるのかなど、自身がどのように働いていくべきなのかを振り返り、考えるための情報が必要なのです。

二つ目は、自身にとってのキャリアの可能性の模索機会です。自身の周囲や社内にどのような仕事があり、どのようなキャリアが考えられるのかを社員自らが知ることができる状態が必要となります。そして、そのようなキャリアに至るためにはどのようなスキルや能力を高める必要があるのか、現在の自分自身とはどのようなギャップがあるのか、そのギャップを埋めるためにはどのようにしたら良いのかを考えられる環境が必要になります。

筆者はかつてグローバルに展開するある大手ＩＴ企業で、社員のキャリア形成に関する「支援システム」を見せてもらったことがあります。今までの経験やスキルを登録しておくと、そのデータに基づいて全世界のポジションの中から、その人のスキルや能力に合致した「次のポジション候補」が提示されるキャリア支援の仕組みでした。

更に、あるポストに興味がある場合には、直接応募できる仕組みが備えてありました。その会社の人材開発の責任者に話を伺ったところ、「社員のキャリア支援の仕組みがないと、社員は外（他の会社）にキャリアを求めたがる。そうなると貴重な人材を失うことになる。社に人材を引き留めるためにも、社内でのキャリア機会の提示とキャリア形成支援が必要」とのことでした。

すでに述べたような、社内の各ポジションに必要な能力や、一方で社員の人材評価のデータをうまく使うことで、社員一人ひとりに対し、有益な自己振り返りの機会を与えることができ、更に、そこに社内のポジションに関するデータをマッチングさせることで、各社員に対しキャリア形成の機会を提示することができます。

このように、**組織と社員のデータをうまく活用することで、「適材適所」も社員自らのキャリア形成をも含んだ形へと進化させることができる**のです。それでは、次に今まで述べてきたような「適材適所」の業務がデジタルテクノロジーを使って、どのように行われるのかを見てみましょう。

2. マシンアセスメントを活用した適材適所へのアプローチ

すでに述べてきたように、マシンアセスメントは人材が発揮しているコンピテンシーを成果事例の中から抽出します。この技術を活用し適材適所を効率的に行うことができるのです。ここでは、ある企業の部長ポジションを対象にどのように適材適所を行うかを解説します。

①分析のアプローチ

(1) 現在、部長がいる全てのポジションを、高い水準の成果を挙げている(A群)、満足できる水準をあげている(B群)、成果に改善の余地がある(C群)に分けます
(2) A群、B群、C群の部長に、「現在、担当の部署のミッションをどのように果たそうとしているか」について、実際に考えたことと実際にとった行動についてレポートを書いてもらいます
(3) 全てのレポートをマシンアセスメントで解析し、ポジションごとにどのようなコンピテンシーが発揮されているかを把握します

（４）Ａ群、Ｂ群については、ポジションごとに把握されたコンピテンシーが、ポジションごとに成果をあげるための一つのモデルとなります（この他にも該当のポジションで成果をあげるモデルがある可能性はありますが、年々積み上げることで更に厚みを増したモデルとなります）

（５）（４）で分析したＡ群とＢ群の各モデルをレビューし、今後の戦略上、もしくは更なる成果向上のため、「更に発揮したら良いコンピテンシー」があるかどうかを確認し、ある場合には追加します

（６）一方、Ｃ群は成果があがっていない群となります。この群に該当するポジションについては、ポジションごとに成果をあげるために必要なコンピテンシーを仮のモデルとして作成します

ここまでが、**「ポジションごとの成果をあげるための『コンピテンシーディクショナリー』づくり」**となります。従来ですと、ポジションごとのコンピテンシーディクショナリーを作成するには、各ポジションの担当者にヒアリングを行ったり、外部のコンサルティング会社に依頼したり、大変な手間と費用がかかりました。しかし、マシンアセスメントを活用することにより、**各部長に仕事についてのレポートを書いてもらう手間はありますが、書いてもらった後は、各ポジションに必要**

とされるコンピテンシーを明らかにするのは、非常に迅速に行うことができるようになりました。

マシンアセスメントの特徴は、**少ないデータで一つひとつのポジションを迅速かつ詳細に分析できる点と、現在その会社で使用している人事評価基準に入っていない能力も把握できる点**にあります。人材に関する様々なデータ、学歴や職歴、属性などを入れて分析するのではなく、**「成果をあげている具体的な思考や行動」を分析することで、データが少ないにも関わらず、迅速かつ精度の高いコンピテンシー分析が可能**となっています。ここでよく出るのが、「適材適所を考えるにあたって、職歴や知識は必要がないのでしょうか？」という質問です。この質問に対しては、**「職歴や知識も配置を考える上で必要です」**というのが答えとなります。ポジションによっては、業務を遂行するために特定の知識が必須というケースが存在します。

注意していただきたいのは、**業務遂行に必要な知識がそのポジションに就く前にあらかじめ必要なものなのか、ポジションに就いて業務を遂行しながら知識を身につける形で良いのかを見極める**ことです。例えば、技術者というポジションは職種特有の知識が求められる典型でしょう。一方で、営業という職種は、一般的にはその職種に就いてからの知識習得が可能と考えられます。よって、職歴や知識は別途、必要条件として整理をしておくことが必要です。ただし繰り返しになりますが、**活躍する、成果をあげるための十分条件ではない**ということは理解をしておいてください。

適所のデータが出揃った後に、適材の分析を行います。今回は部長ポジションなので、ポジションへの候補者は、現在の部長と課長とします。

（7）候補者となる方に、適所の分析で行ったように、各々、現在の仕事における「成果事例」を書いていただきます。部長はすでに（2）で書いていただいているので、実際にこのステップで書いていただくのは、候補となる課長の方と（2）で書いていない部長相当の方となります。書いていただいたものをマシンアセスメントで解析し、各候補者の方々がどのようなコンピテンシーをどのレベルで持っているのかを把握します

（8）ここで、部長の中で更に上のポジションに昇進する人を候補者から除外します

（9）（7）（8）の結果をもとに、（4）～（6）で出た各ポジションの要件に近い人を抽出します

（10）（9）で抽出した結果が各々のポジションの候補者リストとなり、候補者ロングリストと呼びます

（11）候補者ロングリストの中から経験や知識の必要要件を検討し、候補者の絞り込み（候補者ショートリスト化）を行います

（12）最終的に、異動の可能性や時期を検討し、該当のポジションに異動する人を決定します

という流れになります。

以上のようなステップで、適所の検討から始め、適材の検討を行っていきます。このマシンアセスメントによる適材適所の検討の価値は、コンピテンシーを軸にした適材適所の検討であるという点です。「該当のポジションで成果をあげるコンピテンシーはどのようなものなのか？」「そのようなコンピテンシーを持っている人は誰なのか？」それを明らかにするのが、コンピテンシーを軸にした適材適所の検討です。

②未来志向、戦略視点を加える

前段で、適材適所へのマシンアセスメントを使ったアプローチの基本ステップを紹介しました。その中の（５）で、現状のポジションの分析結果に戦略的視点を入れると述べました。適材適所の検討をする企業の中には、今後は従来と異なる戦略をとるというケースも当然ながらあります。

現在、適材適所を人事のデータを用い、ＡＩなどのテクノロジーで行うというサービスが他社でもありますが、**適材適所を行う上で忘れてはならないのは、「過去の延長線上でいいのか」という問いかけです。適材適所は過去の分析だけでなく、未来に関する「意思」を入れ込むことも必要なのです。**

それでは未来に関する意思とはどのようなものでしょうか？　それはあなたの企業や部門の**戦略**

や方針から導き出される「今後はこういう成果や行動が必要だ」という未来志向の要件となります。

例えば、あなたの会社の戦略が「顧客志向戦略」を強化するのか、「創造性を重視する戦略」を重視するのかにより、社員に求められるコンピテンシーも変わってくることはおわかりいただけると思います。では、戦略の違いにより、どのような能力や行動に違いが生まれるのかについて、更に見てみましょう。

③戦略により異なるコンピテンシー

すでに述べたよう、事業や組織の取る戦略により、それを実行する社員に求められるコンピテンシーも異なります。ここでは代表的な戦略を述べ、そこから求められるコンピテンシーを示します。

(ア) 顧客志向戦略

顧客志向戦略とは、顧客を中心に置き優位性を築く戦略です。「顧客を中心に置くのは当たり前だろう」と思われがちですが、本物の顧客志向性の高い組織になるのは容易ではありません。経営陣も含め、社員全体が顧客の動向に常に高い関心を持ち、真のニーズを掴み、それを満たすために社員全体が動いていくのは、組織として非常にレベルの高い組織です。

実際、「顧客第一」を掲げる企業は非常に多いと思います。しかし、残念ながら大半の企業ではお題目で終わってしまい、社員全体の行動には反映されていません。その原因は、顧客第一という方針を実現するには、具体的にどのような行動をとればよいのかが、組織や社員の間で共有されていないためです。かつて、筆者は顧客第一を実践するとはどういうことかについて、その実践度合いを調査したことがあります。その結果は、**全員が顧客第一の重要性を認識してはいるものの、顧客第一を実践できている人、また具体的な行動がとれている人はわずかでした**。そこで、**実際の顧客第一の行動をとれている人がどのように活動しているかをビデオに収め、社員全員が見られるようにライブラリー化したところ、大変好評でした。「顧客第一というのが具体的にわかった」「具体的にどのように行動すればよいのかがわかった」という意見が非常に多く出ました**。そこで出ていた顧客志向性の高いコンピテンシーとは、以下のようなものです。

・情報収集行動
顧客の組織や事業動向に関する情報への感度が高く、通常では入手できないような情報を収集する行動

・洞察
顧客のふとした行動から、まだ表面化していない隠れたニーズを推察、推測する行動

・顧客志向行動

顧客のニーズの把握に始まり、ニーズがどのような欲求や原因から生まれているのかまで踏み込んだ行動

・対人関係構築行動

顧客のキーマンとの関係を構築し、マインドに入り込む行動

・問題解決行動

顧客の悩みやニーズを解決する行動。顧客志向行動と一緒に発揮されるのが望ましい

以上のようなコンピテンシーが、顧客志向戦略を社員に落とし込む上で必要となります。組織の中の各部門により異なってくる部分もありますが、概ね上記のようなコンピテンシーが求められます。

(イ) 創造性志向戦略

創造性志向戦略とは、他社と比べ創造性の発揮を軸に競争力を高める戦略です。創造性の発揮には、一見、カリスマのような創造性の高い個人の存在が重要だと思われがちですが、創造力の高い個人を集めるだけでは組織の創造性を高めることにはつながらないのが現状です。**組織レベルでの創造性の発揮には、創造性の高い個人と、それと同時に組織レベルでの創造性を促す環境づくりの**

双方が求められるのです。昨今、シリコンバレーにおける企業が会社の「環境や場づくり」に力を入れるのはそのためです。個人の創造性を引き出す「環境」の重要性を認識しているのです。更に、そこには**単なるハードウェアとしての環境だけでなく、組織の運営方法やマネジメントのあり方なども組織の創造性を高めるためには関係します。**よって、以下のようなコンピテンシーが創造性戦略を実現するためには必要になるのです。

・場づくり行動
　社員がアイデアを出しやすい環境づくりや、人同士のネットワークづくりに寄与する場を設定する行動
・創造性
　自らも含め新しいことにチャレンジする、新たなものを生み出してゆく行動
・ダイバーシティ対応
　組織内の多様性を活かす行動
・組織運営行動
　組織の状態を把握し、コントロールする行動
・洞察

変化の兆候を察知したり、俯瞰的視点で物事を見る行動
・執拗さ
批判に負けず、考えや信念を貫く行動
・自律行動
指示がなくとも、自律・自立的に動くことができる

以上のような能力や行動が創造性戦略を実践するために必要になるのです。

(ウ) コスト&品質志向戦略

一方で、コスト&品質志向戦略は徹底的にコストを削減しながらも一定の品質を維持し、お客様に低価格と一定の品質を提供する戦略です。日本では製造業のみならず、サービス業でも「Q・C・D」(Quality・Cost・Delivery)という方針を耳にします。これは、まさに「コスト&品質志向戦略」であり、日本企業が得意としてきた戦略と言ってもよいでしょう。

しかしながら、現在のグローバル競争の中では日本企業の提供する品質とコストのバランスが相対的に弱くなっている現状があり、仮にこの戦略を追求する場合には改めて人材のコンピテンシーを徹底してゆく必要があると考えます。以下がこの戦略遂行に必要なコンピテンシーになります。

・分析行動
　コスト改善や品質向上の余地がないかを常に分析的な思考で探る行動
・改善行動
　コスト改善や品質向上のための課題を見つけ、解決をする行動
・計画行動
　仕事の段取りや計画化を進め、効率的に業務を進めようとする行動
・確認行動
　仕事のミスがないかを徹底的に確認する行動
・チームワーク
　他者と協力・協働する行動
・達成行動
　コストや品質の目標を設定したら、何がなんでもそれを実現しようとする行動

これらのコンピテンシーがコスト&品質戦略にとって必要になります。

以上、述べてきたように、デジタルで処理した情報をそのまま使うのでなく、そこに未来への意思を埋め込むことで、よりデジタル化の成果を活かすことができるのです。

Column

6 本当のキャリア形成に必要なこと

自分のことを高く評価し過ぎるバイアスとして有名なものに、「自己奉仕バイアス」があります。成功は自分の手柄、失敗は状況のせいにしがちな傾向のことです。曖昧な情報を自分に都合よく解釈するような思考特性であり、自らの自尊心を保ち、失敗のダメージを最小限にするために発生するようです。このバイアスが強くなりすぎると、キャリア上のリスクを招くことがあります。必要以上に自分のことを重要な人物であると思い込んだり、力量を超えた仕事に挑戦したり、プライドも高くなってしまい、うまく反省・学習できなくなります。この罠に陥らないためにはどうすればよいのでしょうか。

シンプルな解決方法として、「日記をつけておくこと」があります。成功した時・成果を挙げた時に振り返るのは、「1：成功につながった自らの頑張り・貢献」「2：成功につながった外的要因・他者からの支援」の2点です。失敗した時に振り返るのは、「1：自分の努力で回避できたこと」「2：自分ではどうしようもなかった外的要因」の2点です。転職したり部門が変わった時、急にパフォーマンスが落ちてしまった人が周囲にいませんか？　このような人は、転職前は当人の実力以外で、（当人が気づかない所での）上司の支援や方向づけ、会社の知的資産等で下駄を履いた状態であることに無自覚になっていたのです。従って、急にパフォーマンスが出ない原因が自分ではわからず再び転職してしまうのですが、根本的な問題は解決していないので同じような課題に再度直面します。

大事なのは、自分が成果を出した際に、自分以外でその成果創出につながったと思う上司・部下・同僚・顧客等々に感謝の気持ちを持つことかもしれません。マシンアセスメントも実は、定期的に成果事例という名の日記をつけているようなものです。本文でもありましたが、「自分を知る」ことは重要なことです。1年に1度ぐらいは自身が注力したことについて日記に書いてみることをお勧めします。最近は携帯電話によるスタンプや記号化されたコミュニケーションが増えすぎて、考えていること・伝えたいことを適切に言語化する機会自体が減ってしまっていることもあるので、そのような時間を自ら作り出すことがより一層重要になってきていると思います。人生100年時代、私の予測では今後自分史を書きたい人が増えて、一大自分史・自伝史ブームが来ると勝手に予測しているのですが、その時にもきっと困らないでしょう（笑）。

第7章

デジタル化による人事業務革新「パフォーマンスマネジメント編」

1. デジタル化により「パフォーマンスマネジメント」でできること

現在、「One on One」など上司と部下がパフォーマンス向上のため、成長のため、更にはキャリア開発に関して一対一で月ごとや四半期ごとに話し合う制度が注目をされています。元々は米国西海岸を中心に行われていた制度のようですが、日本でもＩＴ企業やベンチャー企業を中心に広がりを見せつつあり、大企業でも注目を集めています。

会社によって目的は若干異なるようですが、共通するのは「パフォーマンスマネジメント」という点にあるようです。この章では、デジタル化によりパフォーマンスマネジメントがどう変わるかについて解説したいと思います。

①「パフォーマンスマネジメント」とは何か？

ここで、改めてパフォーマンスマネジメントについて考えてみたいと思います。日本語に訳すと、「成果管理」ということになるのでしょう。パフォーマンスマネジメントに言及した書籍や記事によると、**パフォーマンス向上のために、部下の能力や意欲が伸びるように頻繁にコミュニケーショ**

ンをとり、アドバイス、指導、動機づけを行う、ということにつきるようです。

このように聞くと、「いや、うちの管理職はそのようなことは評価面談の際に行っている」と思われる方も多いと思います。実際、我々がコンサルティングを通じてお会いした優秀な管理職の方は、そのようなマネジメントを行っています。

パフォーマンスマネジメントが注目されてきた背景には、**現在、多くの企業で行われているような、目標管理やそれに伴う評価面談が形骸化し、パフォーマンスマネジメントが示している上司と部下の間で本来行うべき本質的なコミュニケーションがなされなくなってしまった**という点が大きいように感じます。そのような意味で、大切なのは上司と部下にパフォーマンス向上のための本質的なコミュニケーションをとってもらうことであり、この点をしっかりと押さえない限り、「他社が導入しているからうちも」とOne on Oneを導入しても、何も変わらない可能性があります。

では、パフォーマンスマネジメントを行うにあたって、大切な点はどのようなものでしょうか？

我々が考える**パフォーマンスマネジメントの本質とは、「結果を生み出す『遂行過程』や『要因』を把握し、その要因を正しい方向に向かうべく働きかけること」**と考えます。「パフォーマンスが良かった、悪かった」という言い方をよく聞くため、パフォーマンスというと結果の良し悪しの評価のように誤解されがちですが、パフォーマンスには「実行・遂行」という意味もあるのです。

つまり、**パフォーマンスマネジメントとは、結果を出す「実行過程」をマネジメントするという**

ことなのです。そのように考えると、パフォーマンスマネジメントを導入した際に、行うべきことは自ずと明らかになります。パフォーマンスマネジメントで行うべきこととは、

・結果を出す「実行過程」に問題がないかの確認
・仮に、問題がある場合には、その問題解決を行う
・そのためのコミュニケーション、アドバイス、指導を行う

ということになります。このようなことを管理者とメンバーが一対一で行い、結果を出す実行過程を修正していくことがパフォーマンスマネジメントなのです。

②パフォーマンスマネジメント実行の難しさ

実際、パフォーマンスマネジメントを実行している企業に聞くと、導入や実行にあたっていくつかの難しさがあるようです。例えば、以下のような点です。

○パフォーマンスマネジメントに関する理解不足

・パフォーマンスマネジメントを単に「結果」の確認と間違って理解している
・単に、部下とコミュニケーションをとることが目的化してしまっている
○パフォーマンスマネジメントを行うスキルの不足
・コミュニケーションスキルの不足
・パフォーマンス上の課題を発見するスキルの不足
・パフォーマンス上の課題を解決するスキルの不足

パフォーマンスマネジメントを単に「結果」確認のミーティングと理解し、本来の意図したものと異なるミーティングになっているケースがあります。この問題は、目標管理を行っている企業でもしばしば発生します。「結果」の出来不出来のみの確認をして、「今回は達成できなかったので、低い評価を我慢してね」というコミュニケーションのみで終わってしまうケースもあります。パフォーマンスマネジメントでも同様のコミュニケーションは見られます。大方のケースは、上司がパフォーマンスマネジメントの本来の目的を理解していないことが原因です。

また、パフォーマンスマネジメントを部下とのコミュニケーションをとったことで満足してしまうケースも見られます。特に、普段お互いが忙しくコミュニケーションをとる機会が少ない場合には、コミュニケーションをとることで満足してしまいがちです。更に深刻な問題としては、パフ

ォーマンスマネジメントを行う上でのスキルの不足です。

まず上司が一方的に話をしてしまい、相互のコミュニケーションにならないという場合があるようです。一方的に話をしてしまう多くのケースでは、上司は部下の結果を見てすぐに指導に入ってしまいます。**部下が達成に向けてどのような行動や実行過程を経たのかについての話を聞かず、自分の過去の経験や考えに基づいて一方的に指導をしてしまう**のです。このような場合も、部下は「話を聞いてくれない」と不満を募らせ、逆効果となってしまいます。

更に、コミュニケーションはとっているものの、部下の行動や実行過程のどこに問題があるのかを把握できていないケースも非常に多く見られます。この原因としては、**上司の頭の中には自分自身の成功体験しかない場合が多いため、過去の自分自身との比較でしか問題を把握できない場合が多い**ようです。理想としては、なんらかの分析の視点をもとに部下の実行過程や行動の出来不出来のどこに問題があるのかを診断するのが望ましいと考えます。

最後に部下の課題を解決するケースですが、こちらも**上司の解決策の引き出しの少なさ**による問題が多いようです。上司の引き出しが多ければ多いほど、部下の状況に応じたアドバイスや指導ができるようです。

以上のように、パフォーマンスマネジメントを効果あるものとするためには、その目的の理解、コミュニケーションを通じて部下の行動や実行過程での課題を把握、そしてそれに対して適切な指導を行うことが必要となります。では、人事のデジタル化はパフォーマンスマネジメントにどのような影響を与えるのでしょうか？　次にデジタル化による効果を示したいと思います。

③個々の社員の成果創出力の課題を特定、パフォーマンスを上げることができる！

パフォーマンスマネジメントにデジタル技術を使うことにより、パフォーマンスマネジメントの実行上の課題を克服することができるようになります。後述しますが、パフォーマンスマネジメントの面談の前に、部下の方に「目標の達成を目指して、具体的にどのようなアプローチを考え、どのような行動をとったのか」について記入をしてもらいます。そのレポートをマシンアセスメントにかけることにより、部下の発揮している行動と発揮していない行動が**図１**のようにビジュアル化され、課題が分かるようになります。

これはある課におけるＡチームリーダーとＢチームリーダーのマシンアセスメントの結果です。**前提としては、Ａチームリーダーも目標の達成が芳しくない状況であり、成果創出プロセス上のどこに課題があるかを確認する必要がありました。**

Ａチームリーダーは PLAN－DO－SEE の DO の部分が多く、Ｐに関する部分がほとんど現

Competency Assessment Result

		Aチームリーダー	Bチームリーダー
PLAN	P:情報収集行動	1%	20%
	P:分析行動		20%
	P:洞察		10%
	P:仮説志向		5%
	P:問題解決行動		15%
	P:創造性		
	P:改善行動		19%
	P:ビジョン設定行動		5%
	P:戦略思考力		
	P:意思決定行動		
	P:計画行動		20%
	P:組織構築行動		
DO	D:達成行動	35%	30%
	D:自律行動	23%	35%
	D:伝達行動	5%	5%
	D:組織運営		
	D:動機づけ行動		
	D:対人影響行動	10%	10%
	D:関係構築行動	10%	
	D:場づくり行動		
	D:顧客志向行動	9%	
	D:組織感覚	14%	
	D:交渉行動	11%	
	D:チームワーク	20%	2%
	D:人材管理	14%	3%
	D:ダイバーシティ対応	1%	3%
SEE	S:確認行動		20%
	S:学習		7%
	S:柔軟性		10%
	S:執拗さ	30%	5%
	S:自己管理		
	S:論理思考		
	S:EQ		

図1 目標達成/未達成の要因分析と次年度への活用

名前:A チームリーダー

最重要目標: ………………………………………

達成度評価: C (目標に大きく届かなかった)

目標達成に向けての実際の工夫・行動を振り返って記載してください。

………………………………………

名前:B チームリーダー

最重要目標: ………………………………………

達成度評価: B ー (目標に若干届かなかった)

目標達成に向けての実際の工夫・行動を振り返って記載してください。

………………………………………

れていないことが分かります。一方、Bチームリーダーは、PLAN－DO－SEEがバランスよく反応していることが分かります。更に、Aチームリーダーの行動レポートを読んでみると、それぞれが具体的にどのように行動しているのかが手に取るようにわかると思います。マシンアセスメントの結果から、Aチームリーダーの課題は明らかです。情報収集や分析などのPLANを行っておらず、手当たりしだいに活動しているため、結果が出ていないという見当がつきます。

またBチームリーダーはAチームリーダーと比べると頑張っていると思われますが、目標が達成できていないということは、Bチームリーダーにもどこかに課題があるようです。**図1**をよく見ると、チームワークや動機づけなどが発揮されていません。組織運営（統率）行動も発揮が弱いようです。一方、自律行動は高く発揮されています。

つまり、Bチームリーダーはプレイヤーとしては優秀であるのですが、自分でPLANし、自分一人で行動しがちな傾向があるということです。Bチームリーダーは、うまくメンバーを活用できていない可能性があります。

このようにマシンアセスメントの30余りのコンピテンシーをパフォーマンス分析の手がかりとすることで、AチームリーダーとBチームリーダーの今後の課題がわかりやすくなったと思います。

マシンアセスメントで部下の行動を分析することで、部下の行動面で何が不足しているのか、何が課題なのかが分かります。そして、それに沿った指導ができるようになり、パフォーマンスマネジメント本来の目的を達成する面談を行うことができます。

④「たまたまラッキー型社員」と「実力型社員」の見極めができる

仮に、ある時期に実績や成果を挙げていても、必ずしもその社員がコンピテンシーを持っているとは限りません。実績や成果を評価する際には注意が必要です。**実績や成果というものは、必ずしも人の努力だけで生み出されるものでなく、外的環境の影響を強く受けます。**

例えば、**たまたま景気が良かった、お客さんの予算が余り特別に発注してくれた、ライバルが失敗を犯した、先輩の仕込みが実った、自社の宣伝が評判になった、など外的環境の影響で実績や成果が自然とあがってしまうケースはまま発生します。たまたま環境のせいで良くなった成果をその社員の「実力」と勘違いをすると、その後の人事に問題が生じます。**我々はそのような社員を「たまたまラッキー型社員」と呼びますが、本当に実力を持って成果を出せる「実力型社員」との見極めをしっかりと行わなければなりません**（図２）**。

その見極めを行うためには、従来はインタビューによりコンピテンシーを発揮しているかどうかを確認することが必要でしたが、このインタビューには経験が必要なため、なかなか忙しい上司が

図2　重要なパフォーマンスの見極め

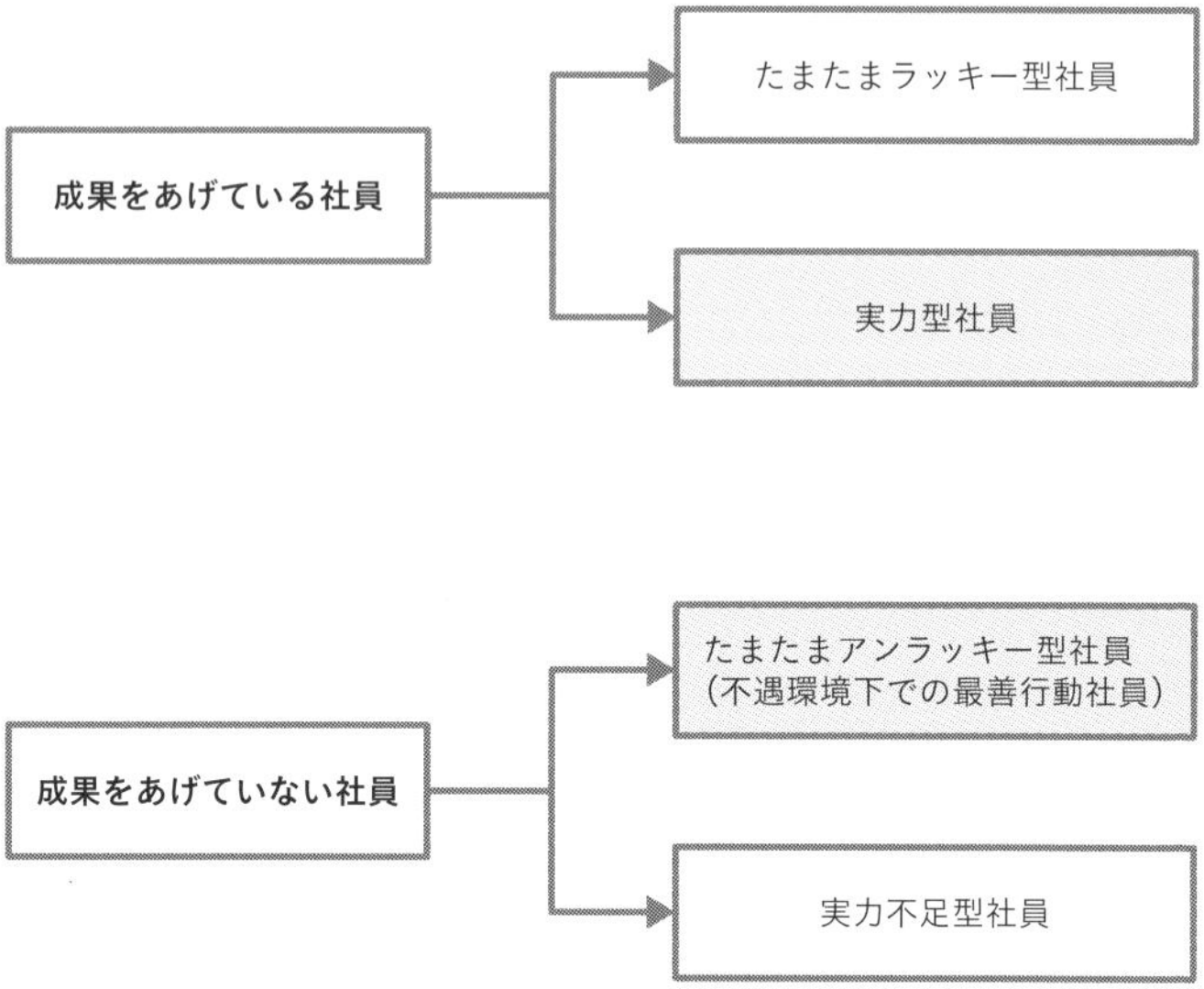

習熟するのは難しい状態でした。

このようなケースにもマシンアセスメントは力を発揮します。マシンアセスメントの説明でも述べたように、**マシンアセスメントは成果や実績の大きさに影響されず、その人が成果や実績をあげるプロセスで発揮されたコンピテンシーを分析します。**そのため、**結果や実績を出していても、その人が成果を生み出すコンピテンシーを発揮していなければ、マシンアセスメントではコンピテンシーがないものとして判断されます。**つまり、その人は実績を生み出すようなコンピテンシーを発揮しておらず、「たまたまラッキー型社員」の可能性があるので、注意して面談に臨むことが必要となるのです。

一方で、その逆のケースも発生します。実力がありコンピテンシーを発揮しているにも関わらず、結果がついてこない社員です（「たまたまアンラッキー型社員」と呼びます）。経済環境や競争環境などが思った以上に厳しく、努力をしても結果が出ないという場合には、コンピテンシーを持っている社員でも結果を出すことは難しい場合があります。このような時に、「結果が出ていないからダメだ」と簡単に烙印を押してしまっては、優秀な社員を失うことにもつながりかねません。

このように、マシンアセスメントで成果を生み出す実行過程を分析すると、「たまたまラッキー型社員」と「実力型社員」の見極めを、更には「たまたまアンラッキー型社員」と「実力不足型社員」の見極めをすることもできるのです。

マシンアセスメントで社員のコンピテンシーを分析することで、**ある仕事で高い業績を出す社員の思考や行動のパターンや傾向を把握する**ことができます。実際に、ある会社の経営企画部門の社員のコンピテンシーをマシンアセスメントで分析した例があります。

その結果、その会社の経営企画部門の社員はほぼ全員と言っていいほど、分析力や計画力に優れていることが分かりました。さすが経営企画部門の社員だけあって、皆さんが分析力や計画力に高いコンピテンシーを発揮していました。しかし、その中でも高い業績を出す社員とそうでない社員に分かれていたのです。

高い業績を出せる社員とそうでない社員を分けるものは何だったのでしょうか？　マシンアセスメントの結果を更に分析すると、高い業績を出せる社員とそうでない社員との違いが明らかになりました。違いは「コミュニケーション力」、「対人関係構築力」や「交渉力」にありました。

経営企画部門というと、つい企画力や分析力に目が行きがちですが、間接部門である経営企画部門が業績を伸ばすには、様々な部門との折衝や説得が必要になります。そのようにして会社全体、組織全体を動かして初めて経営企画部門としての責任が果たせるのです。コミュニケーション力、対人関係構築力や交渉力は組織を動かせる力なのです。

このような**一見隠れた能力はなかなか目につきにくく、上司からも見逃されることが多い傾向にあります**。実際、このケースでも「このようなコンピテンシーがパフォーマンスの差になっていたのか」と驚きとなっていました。

このように、マシンアセスメントでパフォーマンスの高い社員とそうでない社員のコンピテンシーの違いを分析することで、パフォーマンスを出すコツを把握することができます。そのようなコツが分かると、育成課題も自ずと明らかになり、全体の底上げにつなげることもできるでしょう。

⑤パフォーマンスの高い社員のコツを把握することができる！

前述のように、パフォーマンスの差や発揮していないコンピテンシーが明らかになると、育成や指導のポイントも明らかになります。ここで、効果的な指導について述べたいと思います。**ＯＪＴの基本はまず「真似をすること」と言われますが、コンピテンシーを発揮していない社員に対しても「ハイパフォーマーの行動をまず真似させる」ことで、課題を克服できることにつながることがままあります。**

我々がお手伝いをした中で最も育成研修の効果が大きかった例は、実際のハイパフォーマーの行動をビデオに録って上映したものでした。このケースでは、**まずマシンアセスメントをある職種の層に対して行い、その中から高い業績とコンピテンシーを発揮しているハイパフォーマーを選びました。選んだ人たちに対し、マシンアセスメント用に書いてもらったレポートの内容について「何**

を考え、どのように行動していったのか」をその状況ごとに詳しく話をしてもらい、その様子をビデオ撮影しました。

ビデオの中では、各ハイパフォーマーの課題発見の仕方や解決策を考える思考プロセス、更に実行段階での動き方や他人への働きかけ方などがリアルに語られていました（イメージとしては、NHKの『プロフェッショナル　仕事の流儀』に近いかもしれません。ただ、より一層、思考や行動の実態に踏み入った内容になっています）。

そのビデオを見たのは、同じ会社の同じ職種の人たちでしたが、感想は、

「あの人が優秀だと知ってはいたが、具体的に何が優秀なのかがよく分かった」

「どのような状況で、どのようにものを考え、どのように行動すればいいのかが具体的に分かった」

「追体験をしているようで、非常に勉強になった」

というものでした。

我々もそのビデオが上映される場に同席していましたが、参加者が食い入るようにビデオを見ていたのを覚えています。

更に、その後も興味深いものでした。一年後、同じ参加者を対象にフォローアップ研修の一環としてマシンアセスメントを再び行いました。

その結果、前年にはコンピテンシーに課題があった参加者の多くに改善が見られたのです。特に

大きな改善が見られたのは、ビデオでハイパフォーマーが発揮していたコンピテンシーの部分でした。確認のため、改善が見られた人やその周囲の人に「この一年で変わった点」を確認したところ、周囲の人からもビデオで流れたコンピテンシーが改善されたとの指摘がありました。また本人からは「ビデオで見たものの考え方や行動をまずは真似をしてみたら、業績向上につながりました。現在は更に自分なりの工夫を加えています」との声が集まりました。これは、**武道や芸道の修行のプロセス「守破離《しゅはり》」と同様の学習プロセス**だと考えています。まずは、優れた人の技を学び守るところから始め、その後、自分の型をつくってゆくという習熟のプロセスです。

このように、コンピテンシーを軸においたパフォーマンスマネジメントは、パフォーマンス上の課題を明らかにします。それだけでなく、実例を通し、ものの考え方や行動について学習させることができるという点で、非常に効果の高いパフォーマンスマネジメントができると考えています。

2. マシンアセスメントを活用したパフォーマンスマネジメントへのアプローチ

パフォーマンスマネジメントでマシンアセスメントを使う際には、**成果事例を書く際に少々注意が必要**となります。パフォーマンスマネジメントの第一義的な目的は、現在のミッションや役割におけるパフォーマンスの改善にあります。つまり、通常のコンピテンシー評価と違い、**特定のミッションや役割、それらと紐づく目標を達成するためのコンピテンシーが十分かどうかという観点が基本**となります。

よって、アセスメントをされる対象者の書くテーマは自由でなく、あくまでも特定のミッションや目標をどのように達成していったのかについてです。そうすることで、ある目標に対するパフォーマンスをどうマネジメントしてゆくかという議論ができるわけです。

図3は、支店長のパフォーマンスマネジメントの際に使った「成果事例」です。どの支店長にも、目標である「支店の売上げ30%増についての実際の取り組み」について書いてもらっています。

このように、分析対象となるパフォーマンスゴールを定義することが必要となります。その上で、アセスメントを受ける方に、そのパフォーマンスゴールを達成するために、どのように行動したのか、どのように考えたのかについて、８００～１５００字程度の成果事例を書いてもらいます。そ

図3 3名の支店長の目標達成におけるエピソード

Aさん

XX支店の支店長として、売上げを対前年比30％増、目標を大幅に達成したのが私の成果です。

目標はチャレンジングなほうが良いと考え、本来の目標値の150％にストレッチしたものを設定しました。支店メンバーからは「絶対無理だ」といった反応がありましたが、為せば成るの精神でまずはやってみようと説得しました。まずは自分自身が数字を達成して率先垂範することが重要だと考え、部下の一人が受け持っている顧客への同行営業を行いました。商談の中で、当該顧客には商機はないものの、顧客の懇意にしているX社にニーズがあることが見えてきました。そこで、その場で、即、紹介いただくことをお願いしました。社内の情報を収集したところ、X社には別部門で取引があることが分かったので、事前にヒアリングを行い、別部門からも口添えしていただくように交渉しました。キーパーソンが、コストよりは効果・品質を気にして意思決定をする人間という情報を掴んだので、その点をアピールするような資料を準備して商談に臨みました。他にも……XXXXXXXXXXXXXXXXXXXXXXXXXXXXXXXXXXXXXXXXXXXXXXXXXXXXXXXXXXXXXXXXXXXXXXXXXXXXXXXXXXXXXXXXXXXXXXXX。

Bさん

XX支店の支店長として、売り上げを対前年比30％増、目標を大幅に達成したのが私の成果です。

支店着任後、まずはメンバー10名全員と面談を行いました。面談を行ったところ、以下の課題を特定することができました。① 営業は自分の行きやすい場所、顧客にだけ足を運んでおり、本来行くべきである市場規模やポテンシャルの大きい潜在顧客へのアプローチを怠っている。② 個々人の得意分野はあるものの、それらが全く共有化されておらず、知識・スキル・ノウハウがタコツボ化している。③各営業プロセスの進捗や数値管理が2週間に1回であり、軌道修正を行うスピードが遅く、商機を逸していること。これらを踏まえ、それぞれの課題に対して対策案を検討した。まずは人材育成と情報共有の機会をかねて、毎日9時～9時半の間に朝会を行うこととした。また進捗管理プロセスを改善するためのツールを導入、進捗の見える化を行いつつ、本来のターゲットにしっかりアプローチできているかどうかをモニタリングできるようにした。他にも……XXXXXXXXXXXXXXXXXXXXXXXXXXXXXXXXXXXXXXXXXXXXXXXXXXXXXXXXXXXXXXXXXXXXXXXXXXXXXXXXXXXXXXXXXXXXXX。

Cさん

XX支店の支店長として、売り上げを対前年比30％増、目標を大幅に達成したのが私の成果です。

着任1カ月前に前任者からエリアの特徴についてヒアリングを行いました。更に一人では不十分だと考え、その方の更に前任者、更にその前任者と合計6名の過去の支店長に当時の戦略、競合状態、留意すべき点などを詳細にヒアリングしました。集めた情報を分析したところ、当該エリアの特性は、2年前を境に大きく変わっているにも関わらず、こちらの営業アプローチがあまり変わっていないことに気づきました。アライアンスを組んでいる競合2社が、共同でマーケティングや営業、地域行政や教育機関への寄付などを通じて地域に根差したカスタマイズ色のあるソリューションを提案していました。翻って当社は、本社主導の標準ソリューションを提案しており、顧客ニーズとのギャップが大きくなっているのではないかという仮説を立てました。当該仮説に基づき、重要顧客の社長にアポイントを取って、ヒアリングしたところ、弊社の立場が危機的状況にあることがわかりました。他にも……XXXXXXXXXXXXXXXXXXXXXXXXXXXXXXXXXXXXXXXXXXXXXXXXXXXXXXXXXXXXXXXXXXXXXXXXXXXXXXXXXXXXXXXXXXXXXXX。

の事例をマシンアセスメントにかけ、どのようなコンピテンシーを発揮しているかを分析します。**図4**は、この3名の支店長の分析結果です。同じ目標達成率でもアプローチに随分と違いがあることが分かると思います。

パフォーマンスマネジメントにおいては、先に述べたように「結果・成果」と「コンピテンシーの発揮度合い」の二軸での分析が有効です。**図5**をご覧ください。横軸はマシンアセスメントで測ったコンピテンシーの強弱を、縦軸は結果・成果の達成度を表しています。右上の象限は、結果の達成度も高く、コンピテンシーも高い群です。この群を「ハイパフォーマー・実力者群」と呼びます。右下の象限は、結果の達成度は低いものの、コンピテンシーは高く発揮されている群です。この群は「不遇社員群（たまたまアンラッキー型）」と呼びます。

左上の象限は、結果は出ているものの、コンピテンシーが確認できない群です。この群は先にも呼んだように「たまたまラッキー型社員群」です。最後の左下の象限は成果もコンピテンシーも双方とも確認ができない「要開発社員群（実力不足社員群）」となります。パフォーマンスマネジメントの第一歩は、この成果とコンピテンシーを分けて考える点にあります。この群ごとにパフォーマンスマネジメントを行う際のアプローチは異なります。

①ハイパフォーマー・実力者群へのアプローチ

この群の人は現在の役割では高いコンピテンシーとそれに伴い成果を出している人たちです。このような人たちにはどのような指導やアドバイスをしたら良いでしょうか？ 以下の三つの点での指導やアドバイスが効果的です。

・現在のパフォーマンスを更に上げるために、強化すべきコンピテンシーはあるか？
・高く発揮しているコンピテンシーの中で、無理をしている面はないか？ ストレス状態はどうか？
・将来のキャリアを考えた際、現在のコンピテンシーで十分か？

以上のような観点で、アセスメントレポート結果をお互いに見て、議論をするのが効果的です。

②不遇社員群（たまたまアンラッキー型社員群）へのアプローチ

不遇社員群とは、コンピテンシーを発揮しているものの、外的環境のせいで思うように成果が出

Aさん

実行系のコンピテンシーに強みを持つ。達成行動に加え、対人影響力・交渉といった組織力学を踏まえた行動が強み

一方で思考系・構想系のコンピテンシーはあまり発揮されていないため、今後改善余地がある

Bさん

PLAN-DO-SEEと比較的バランス良く、多くの種類のコンピテンシーを発揮している可能性が高い。改善・計画行動に加え、チームや人材管理といった人の側面にも強みを発揮している可能性が高い。

ビジョン設定や達成行動がより強化されれば更に高い成果につながる可能性がある

Cさん

PLAN系のコンピテンシーの発揮が多く、思考・分析・戦略的な思考などに強みを発揮する可能性が高い。加えて、高い顧客志向性を持っている可能性もある。

達成行動や伝達行動、組織的なコンピテンシーの発揮が現状見られないので、絵に描いた餅に終わる可能性がないか要注意

図4 3名の支店長のマシンアセスメント結果とその特徴

		Aさん	Bさん	Cさん
PLAN	P:情報収集行動	14%	26%	26%
	P:分析行動		20%	16%
	P:洞察			
	P:仮説志向			25%
	P:問題解決行動		10%	31%
	P:創造性			
	P:改善行動		28%	31%
	P:ビジョン設定行動			
	P:戦略思考力			20%
	P:意思決定行動		13%	
	P:計画行動	1%	26%	
	P:組織構築行動			
DO	D:達成行動	42%	13%	5%
	D:自律行動			
	D:伝達行動			
	D:組織運営			
	D:動機づけ行動			
	D:対人影響行動	28%		
	D:関係構築行動			
	D:場づくり行動			
	D:顧客志向行動	28%	10%	39%
	D:組織感覚	35%		
	D:交渉行動	14%		
	D:チームワーク		29%	
	D:人材管理		27%	
	D:ダイバーシティ対応			
SEE	S:確認行動			
	S:学習			
	S:柔軟性		13%	
	S:執拗さ	10%		
	S:自己管理			
	S:論理思考		12%	
	S:EQ			

図5　成果・結果×コンピテンシー　マトリクス

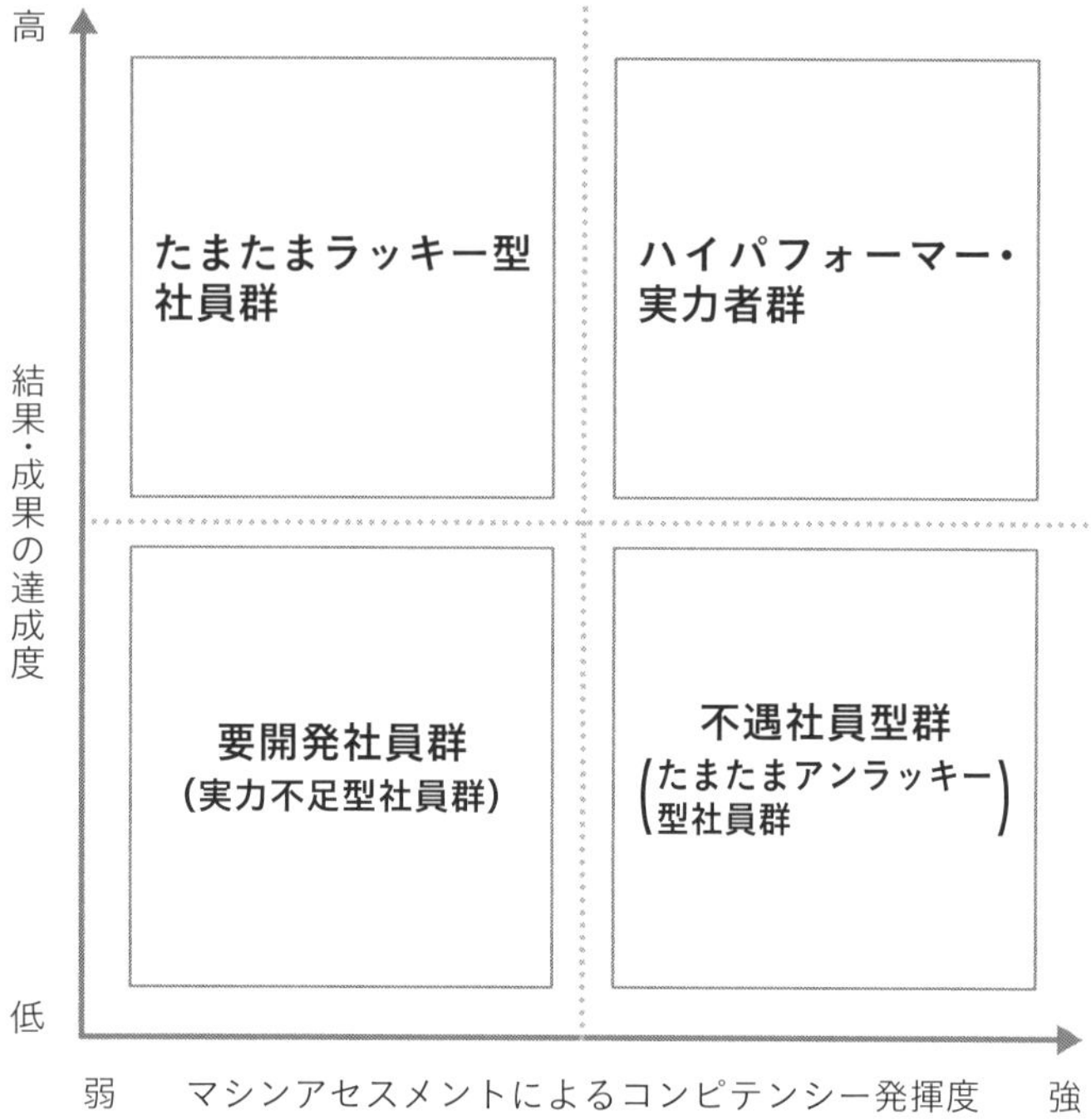

ていない人材群のことです。このような人たちは、**自身も「頑張っているのに成果につながらない」と焦りの気持ちがあるので、コミュニケーションも気をつける必要があります。**このような方への指導やアドバイスのポイントは、以下の通りです。

- **成果創出を阻害している外的要因は何か？**
- **その外的要因を乗り越える手段や方法はないか？**
- **外的要因を乗り越えるために、自身で修正すべきコンピテンシーはないか？**

このような観点で指導することで、**本人の頑張りを認めつつ、外的要因の何が解消されれば成果につながるのかについて、建設的に議論を進めることが必要**です。決して「結果が出てないじゃないか」と責めるようなコミュニケーションはしてはなりません。また、このような社員の中には、往々にして現在の役割とコンピテンシーがミスマッチしているケースも見受けられます。よって、上司はこの社員の配置が適性に合っているかどうかの視点も持って考える必要があります。

③たまたまラッキー型社員群へのアプローチ

たまたまラッキー型社員群とはすでに説明したように、本人はコンピテンシーをあまり発揮していないのですが、外的環境や他の人のおかげで成果があがっている社員のことです。このような社員には**「成果が出ているんだからいいだろう」と自らを過信しているケースもまま見られます。**このような方には、コンピテンシーを開発・発揮することも重要な目標であることや、将来のキャリアにもつながることをしっかりと伝え、自覚を促すことが必要です。指導やアドバイスは以下の通りです。

- **次の昇格に進むには、どのようなコンピテンシーが必要か？**
- **現在の自身の発揮しているコンピテンシーはそれに値するものか？**
- **今後、具体的にどのようにコンピテンシーを開発・発揮していくつもりか？**

以上のように、コンピテンシーの開発・発揮に焦点をあてた議論を行い、本人の意識をコンピテンシーの開発に向けてゆくことが必要です。

④要開発社員群（実力不足型社員群）へのアプローチ

要開発社員群とは、コンピテンシーの発揮も成果も出ていない社員です。このような社員は、**コンピテンシーの確認に加え、「意欲」の確認が必要**です。コンピテンシーは意欲のあるなしによって、発揮が影響されます。よって、面談を通じて意欲の確認を行う必要があります。仮に、**仕事への意欲はあるのにコンピテンシーが発揮されていない場合は、コンピテンシーに影響を与える知識や経験の不足、行動の仕方の理解不足に原因がある可能性があります。よって、それらの点についての指導やアドバイスが必要**になります。

一方、意欲があまりないという場合にはどうしたら良いでしょうか？　そのような場合には、**意欲の元となる「欲求」の確認が必要**です。意欲が不足している原因は、その人が求める欲求を満たしていない、または満たせる可能性がないから意欲も湧かないと考えられます。よって、その人がどのような欲求を持っているのか、出世したいのか、ボーナスをもっと欲しいのか、人から認められたいのか、自分の思うように仕事をしたいのかなど、人によって様々な欲求が存在します。**その人が心の中で何を求めているのか、その状態を把握し、可能ならば意欲を引き出せるようなインセンティブを与えることが必要**となります。

その上で、前述した「守破離」の考え方を使い、**まず「行動の真似をさせ、小さな成功体験を積**

ませる」ことが必要です。要開発社員群の大半の方は、「具体的にどう行動したらよいのかが分からない」状態にあります。よって、単に「コンピテンシーを上げろ」と伝えるのではなく、他人の成果事例を見せる、その事例の中から具体的な行動を示すなどの指導が必要です。そうすることで、本人に「自信」とともに「仕事への関心」が生まれてくることがよく見られます。

また周囲の目も変わり、それが認知となり、一層の意欲向上につながる可能性もあります。つまり、意欲のない人には、まずは本人の欲求を満たせるようなものを提示しながらもそれにとどまらず、真似を通じた学習をさせ「成功」を体験させることで、自発的な意欲を高める指導が必要なのです。

以上、述べてきたように、パフォーマンスマネジメントは現在注目されている手法ですが、それを実現し効果あるものとするには、**パフォーマンスの分析と、社員の方の場合に応じたアプローチをとる必要性**がおわかりいただけたかと思います。ぜひ、効果のあるパフォーマンスマネジメントを行い、組織と社員双方を良い状態にもっていっていただけたらと思います。

Column

評価者研修ラプソディー

10年以上前、先輩と二人で評価者研修をリードすることがあったのですが、午前中に何やら不穏な空気が漂いはじめます。先輩が説明をしている際に不満そうな方がおられ、講義中にブツブツと文句をつぶやいてます。周囲も騒ぎはじめ、先輩が「何かご質問でしょうか？」と聞きます。同席していた人事部長もやってきました。その参加者が「こんな研修やっても意味がない。人事制度って一体何なんですか？」と言います。先輩は「人事制度というのは人を動機づけ、方向づけ……という観点で……」と丁寧に回答します。しかし、突然ブチ切れられ「お前に聞いてない!! あっちに行け！」と怒声をあげました。衝撃的な出来事である一方で、この騒いだ方に評価される部下がとてもかわいそうだと思ったのを覚えています。

時は流れ、私も多くの経験を積み、研修のファシリテーションに熟達し、少し運営が退屈になった時期が正直ありました。そんな時に上司が「評価者研修というのは研修の中でも特に大事で、目の前のマネージャーの評価力はそのマネージャーの部下の成長を左右し、更には人生も左右する。部下の家族も考えると非常に影響範囲が大きいので、そのような心構えで臨まねばならない」とガツンと一発入れられたのです（ちなみに、そのアドバイスをくれた上司は弊社代表の永田なのですが、先日そのことを言ったら「良いこと言う人がいるもんだね」と完全に忘れていたようでした）。それ以来、私は自分にルールを課しています。同じような研修でも常に毎回新しい工夫を一つ入れよう、参加者ならびに参加者の部下の人生まで左右しているつもりで真剣にやろう、決まったトークではなく、当意即妙に受講者に即した表現を心がけようと。おかげさまで（自画自賛ですが）、私の研修はそれなりの評判です。

この話には続きがあります。そのように精一杯やってきたのですが、受講者の方からの「評価って、好き嫌いでつけたらダメなんでしたっけ？」というコメントに代表されるように、「嗚呼、この人を評価者にしていると部下も伸びないし、組織もモラールダウンするだろうな」という人が、多い時には２～３割はいて、無力感を感じることがあります。このような上司を再教育するよりは、本書で紹介したマシンアセスメントで一次評価してもらったほうが、部下にとっても会社にとってもハッピーではないかと思わざるを得ません。たまたま最初にあたった上司の引きが悪いが故に、うまくその方の成長やポテンシャルが引き出されていないということは多いように思います。将来、マシンアセスメントがそのような不運な部下の方を救うためのきっかけになればいいなと思っています。

7

第8章

デジタル化による人事業務革新「グローバル人事編」

ビジネスのグローバル化の進展と、現地化対応ニーズの高まり、日本における労働力不足など、あらゆる環境要因が「グローバル人事」を進めることを企業に求めています。特にこの10年余り、日本企業の人事にとってグローバル人事の推進が大きなテーマであったと思います。

従来各国ごとに構築・運用されていた人事の仕組みを職務評価などを通じて横串を通す、また職務評価と連動する形で各国の報酬水準を決める仕組みを導入するなどの取り組みが行われてきました。また、各国法人の責任者やリーダーを集めての「価値観共有」のためのミーティングやワークショップも行われてきています。このような取り組みで、**グローバル人事を統制するハード面と、価値観共有などのソフト面の基礎は出来上がりつつある**と言えるのではないでしょうか。

手つかずとなっている分野もあります。その代表的なものは「評価」です。グローバル化が進んでいる企業では、グローバルでの「評価基準」の共通化の取り組みも見受けられます。しかし、**大半の企業では評価にはまだ踏み込んでいない**というのが現状だと思います。欧米を中心とするグローバル企業では、評価の共通運用もすでに行われています。そして、その評価結果をもとに昇進や地域内での異動、更にはキャリア開発までも行っているのが現状です。

筆者は外資系企業に20年ほど勤務していましたが、**この部分についての差は日本企業と欧米企業では歴然としています**。その理由は、**ダイバーシティに関する意識の差と日本語の壁**だと感じています。例えば、各国のグローバル企業における女性役員や外国人役員の比率を見ると、日本企業の比率は極めて低いのが現状です。

それでは、欧米企業のダイバーシティに関する意識が歴史的に高いかというと、実はそうでもないようです。私は欧米企業のダイバーシティ委員会などにもメンバーとして参加したことがありますが、欧米企業においても依然として「女性の就業や昇進の機会に不平等はないか」といった意見を強い問題意識として議論しています。それを後押しするような政府の施策も存在します。女性や人種、国籍などで機会均等を目指すという社会的意識の高まりと施策に裏づけられ、女性だけでなく、異なる人種、外国人の登用などが進んでいったと考えられます。

更に、グローバル化の歴史の違いもダイバーシティの差の原因としてあげられるでしょう。グローバル化の歴史が長ければ長いほど、現地の人材の登用、更には各現地から本社への異動など、グローバル人事が発展し、結果として今に至っていると言えます。

加えて、日本企業のグローバル人事の発展を妨げるものとして、日本語の壁が存在すると考えます。英語圏の企業で英語での評価基準が元々ある企業は、上位マネジメントクラスの評価は英語ベースでグローバル共通に評価を展開しています。

一方、日本企業の場合、日本語の評価基準を英語や他の言語で運用するためには、評価制度の各国語化と、各国語での運用という二重のハードルがあり、なかなか評価のグローバル化が進まなかったという現状があります。しかしながら、今後の更なるグローバル化の進展を考えると、各現地での人材の登用、地域間での適材適所やキャリア開発を含めた異動、本社への人材の異動・登用は、グローバルビジネスを円滑に進める上で、またグローバルで人材資源を有効活用する上でも避けては通れません。

それらを実現するには、「グローバルでの人材の評価」が必要となるのです。**特に日本企業は日本人社員に対して、厳格な評価を通じ、役員や上級マネジメントに昇格をさせてきた歴史がありますす。この厳格な評価により、株主や社員などのステークホルダーにも納得し信頼されてきたと思われます。同様に今後、グローバルに人材を登用または配置をする際にも、日本人と同じレベルで人材を見極めてゆく努力が求められる**でしょう。

実際に、**グローバル人事で失敗をしている例として、現地の人材を登用したものの、現地トップとして機能しなかったということがまま見られます。そのようなケースでは、前任者の推薦があったから登用してみたというケースが大半です。日本本社側は前任者からの推薦や評判は聞いているものの、その人の能力を詳細には把握、評価していなかったというのが原因**です。このような状態なので、登用後に問題が起きた際にも対処できない、という状態に陥っています。

1. グローバルで人材評価を行うことのメリット

それでは、改めて日本の企業がグローバルで人材評価を行うメリットを述べたいと思います。

①現地化の一層の推進とガバナンスの向上

現地の人材を現地法人のマネジメントに登用する際に、アセスメントによる人材評価を行うことで、その対象者のコンピテンシーの強みや弱みが明らかになります。更に、具体的にどのような場面でそれらのコンピテンシーが発揮されたかも本社側は把握することができます。対象者のコンピテンシーを把握することで、対象者が現地法人のマネジメントとして機能するかどうかの判断、仮に不足しているコンピテンシーがある場合にはそれを補足する現地のマネジメント体制や日本側からの支援、駐在員の役割をどのようにするかなどの検討が可能です。

コンピテンシーの良い点は、その人がこのように行動するだろうと予測可能性がある点です。つまり、その対象者がマネジメントポジションについた際に「このような行動が期待できる」一方、「このような行動は期待できないだろう」ということが事前に予測できます。よって、懸念点について事前に対策を講じることが可能です。この点はコンピテンシーアセスメントを行う大きなメリットであり、特に海外現地法人のような日本から離れて目の届きにくいポジションを任せる上では、コーポレートガバナンス上も大きな情報となると考えます。

②グローバルの人材資産の活用

各国の人材をコンピテンシーアセスメントにより棚卸しすることで、人材のグローバルや地域での活用が可能になります。現在は、各国ごとに人材活用がとどまっているケースが多いです。しかし、人材の棚卸しを行うことで、グローバルに活躍してもらう人材、一定の地域内で活躍してもらう人材、一国内で活躍してもらう人材などの仕分けや、将来はマネジメントを担ってもらうことを期待する人材や専門職として活躍を期待する人材など、人材群の仕分けやキャリア開発が可能となり、グローバル規模での人材資産の活用が進む基盤となります。

③人材の引き留め効果

日本と異なり、人材の流動性が高いグローバル人材市場では「人材のリテンション（人材の引き留め）」が人事のみならず経営の優先項目としてあげられます。それでは、日本企業が優秀な人材を引き留めておくにはどのようにしたら良いのでしょうか？

まず人材の引き留めにあたって、日本企業が行わなければならないことは、「誰が引き留めに値する人でしょうか？」という問いかけに対する答えを出すことです。海外にいる人材の評価の難しさは、普段の姿や評判が入りづらいため、その人の経歴や今までのポジションに頼ってしまう傾向にある点です。

注意しなければならないのは、経歴や今までのポジションイコールその人の実力ではない点です。欧米企業では、マネジメント候補の人材については、社内外の専門のアセッサー（人材アセスメントの専門家）が各国を回り、将来にわたって引き留める人材か否かの判断を行っています。

このように、まずは「誰をきちんと引き留めておくべきか」の人材の見極めが必要になります。しかし、すでに述べたように専門家によるアセスメントは、時間も費用もかかり、世界各国の多くの社員に実施することは不可能です。よって、マシンアセスメントのような時間と費用を削減できる方法で、各国の人材のスクリーニングを行い、「引き留めるべき人材」を見極めることは有効と考えられます。その上で、引き留めるべき人に対して、キャリアの提供や処遇の向上などの施策をとり、人材の引き留めを行っていくのです。

④本社役員候補の見極め

グローバル人事の一つのゴールは、海外における人材の中から日本本社におけるマネジメントメンバーが生まれることでしょう。このことにより、日本企業はグローバルの人材資産を活用し、かつ世界に開かれた存在として認知されるようになると考えます。

世界各地から日本のトップマネジメントチームへのキャリアが開かれていることは、様々な面で企業経営にとって良い影響をもたらすと考えます。一つは、人材の「引きつけ力」の向上です。先ほど、人材の引き留めについて解説しましたが、世界の人材にとって、日本企業が開かれた存在であることは、当然ながらそこで働いてみようとの思いを引き出し、人材の吸引力を高めることにつながるはずです。実際に日本企業が人材の引きつけ力や引き留め力に劣るのは、キャリアシーリング（キャリアの天井）の存在であり、世界中の優秀な人材の間で、日本企業には昇進の壁があるというのは有名な話です。

また、株式市場からの評価も無視できません。近年のコーポレートガバナンス改革の動きと連動し、世界の巨大なファンドや年金基金は、日本企業のコーポレートガバナンス、中でもトップマネジメントの選び方に注目をしています。この点において「弊社は世界中からトップマネジメントにふさわしいと思われる人材を評価し選んでいます」と投資家に宣言できれば、株式市場からの評価も高まります。また、経営陣の多様化自体が、その企業のマネジメントチームの質を上げることにもつながるでしょう。

このように、本社のマネジメントまで通じるキャリアは、当然、異文化マネジメントの複雑さを増しますが、そのデメリットをはるかに上回るメリットを経営や人事にもたらすと考えます。

2. マシンアセスメントを活用したグローバル人材評価へのアプローチ

ここでは、多国籍、多言語の人材に対し、どのようにマシンアセスメントを使っていくかについて解説します。

マシンアセスメントは日本語の言語処理技術でつくられていますが、すでに日本人以外のグローバル人材の評価も行っています。よくある質問で「マシンアセスメントの英語版や中国語版はないのですか？」と聞かれるのですが、それに対する答えは「日本語のみです」というものです。では、どのように日本人以外のアセスメントを行っているかというと、**各国の言葉で成果事例を書いてもらい、それらを一旦、日本語に翻訳してマシンアセスメントで分析をしています。**我々も当初はマシンアセスメントの各国語版を作ろうと考えていたのですが、現在の翻訳技術の進展を見るにあたり考えを改め、日本語に翻訳し分析するという手段をとっています。

この方法よりも各国語版があったほうがよいのではと思われる方もいるかと思います。しかし、これには決定的なデメリットが存在するのです。言語というものはかなり複雑な解析が必要なため、単にマシンアセスメントの日本語版を各地の言語化するだけでは不十分ゆえ、現地の人の成果事例からも機械に学ばせることが必要となります。そうすると、結果として日本語版とは異なる現地語版のマシンアセスメントが出来上がってしまうのです。この問題は「評価基準」という観点からは大きな問題で、**評価のダブルスタンダード**になってしまいます。それが多言語化すれば、その言語の数だけ、評価基準が微妙に異なるマシンアセスメントが出来上がってしまうのです。

そのダブル（マルチ）スタンダード問題と翻訳による評価精度の問題を天秤にかけると、翻訳する方法をとったほうが正確だというのが現在の結論です。ただし、この問題は実はマシンアセスメントの登場以前、人間がインタビューで成果事例を聞き評価していた時も同じ状態でした。

人によるアセスメントで、言語の異なる人にアセスメントを行う場合は二通りの方法があります。一つは海外にいるアセスメントの専門家（アセッサー）に依頼をする方法と、もう一つは日本人のアセッサーが海外に行き、何らかの共通の言語（多くは英語）を使いアセスメントを行う方法です。海外にいるアセッサーに依頼する際のメリットは、現地語でスムーズに会話ができるという点、現地の事情に詳しい点があります。デメリットは、評価基準にどうしてもバラツキが生じるという点です。

このバラツキを調整するのは難しいため、現在では日本人のアセッサーが海外に行きアセスメントを行ったり、現地のアセッサーにはインタビューで情報収集のみを行い、分析と評価は日本で行うことが多くなっています。そのようにして、できるだけ評価基準がぶれない工夫をしています。

繰り返しになりますが、多言語の評価基準と海外のアセッサーの活用はマルチスタンダードに陥ってしまうリスクがあり、一方、翻訳による方法は、翻訳のプロセスにおいて各言語特有のニュアンスを失ってしまう可能性があります。

ただし、マシンアセスメントは、対象者の思考や行動の事実を解析対象とするため、仮にニュアンスを失っていても、思考や行動の事実さえきちんと書かれていれば解析は十分可能です。その意味で、各国の人に「何を考え、どのように実施して、どう行動したか」の行動事実を書いてもらうことを徹底すれば、言語の差は乗り越えられると考えています。このように考えて、各国ごとの基準になってしまうよりも、各国の言葉で書いていただいたものを日本語に翻訳し、日本語でできた共通の基準で解析を行っています。

また、成果事例の日本語への翻訳には他のメリットもあります。**マシンアセスメントの大きな特徴は、コンピテンシーの分析のもとになった成果事例を読んで確認ができる**という点です。翻訳によるアセスメントは、どのような国であれ、他国の成果事例を日本本社の人が日本語で読むことができる、日本人の事例と同じ土俵で読み較べることができるのです。

グローバル人事をフェアに行うという点では、この翻訳化によるメリットは非常に大きいと感じています。現在は、現地の方に現地の言葉で書いていただいた成果事例を一旦引き取り、それを翻訳するというプロセスですが、現在のＡＩによる翻訳技術の進展から考えると、極めて近い将来、他言語で書かれた成果事例は、その入力と同時に自動翻訳によって日本語化されるという仕組みが自然な流れだと思います。翻訳によるグローバル化対応という前置きが長くなってしまいましたが、このようにして世界のどこの人材でも同じ基準でコンピテンシーを測ることができるのです。

グローバルでの人材評価の難しさは、**言語の違いもさることながら、文化の違いに影響される能力の違いをどう評価に反映するか**という点です。この点は、翻訳によるニュアンスの違いの影響よりもはるかに大きな問題だと認識しています。文化の違いによって行動が異なるということについては、あまり耳にしたことがないかもしれません。しかし、**異文化マネジメントの研究によると、文化の違いは人間の意識や行動に影響を与える**という結果が出ています。一つ例を挙げると、**文化の影響により「トップダウン式」と「合意形成式」という、意識や行動の差があることが異文化研究により明らか**になっています。

このような違いがある国でコンピテンシーアセスメントを行うと、**トップダウン式の文化では合意形成という行動は比較的少ないという結果となります。この結果だけをもって、該当者のコミュニケーションや合意形成活動が少ないとは言えない**のです。また、トップダウン式文化では「組織統率行動」が多く現れます。これも文化の影響を受けている可能性が高いと思われます。

このように、**文化の影響を鑑みながらコンピテンシーアセスメントの結果を分析することが必要**

です。このような文化の違いについても、**マシンアセスメントによるサンプル数が集まってくると、国ごとにどのようなコンピテンシーの違いが出ているのかを、クラスター分析などの手法を使い統計的にも把握することができます。**データで押さえることで、文化ごとの影響度合いも把握することが可能になり、異文化に応じたマネジメントも可能になります。

以上のように、グローバル人事マネジメントは今やデジタル技術を使い、従来グローバル規模では困難であった評価やその評価に応じた昇格、配置、リーダー候補の選抜などが可能になっています。また、文化の違いも把握することにより、よりきめ細かなマネジメントができるようになりつつあります。

第9章

デジタル化による人事業務革新「リーダーシップ開発編」

1. リーダーシップを改めて考える

現在ほどリーダーシップの重要性が語られる時代もないのではないかと思うほど、リーダーやリーダーシップについての記事や意見を見聞きしない日はありません。実際、様々なリーダーシップ開発の研修も行われています。しかしながら様々な取り組みをしつつ、「本当にリーダーが育っているのか」と疑問を持つ方も少なくないのではないでしょうか。筆者もその一人であり、長年、リーダーやリーダーシップの開発に何が必要なのかを考えてきました。本章では、我々が考えるリーダーシップとはどのようなものか、またその開発には何が必要なのかについて述べてみたいと思います。

リーダーシップやリーダーの行動とはどのようなものかを改めて考えると、今まで様々なリーダーシップスタイルが提唱されてきました。強い指導力を示す「ストロング型リーダーシップ」であったり、メンバーの自立性ややる気の向上を支援し促す「サポーター型リーダーシップやサーバント型リーダーシップ」であったりと、様々なリーダー像とそこで示されるリーダーシップが語られています。これらの様々なリーダーシップはどれも納得のいくものですが、自分の会社や自分自身はどれを目指したら良いのかという困惑のもとにもなっていると感じます。

我々が考えるリーダーシップとは、どのようなリーダーのスタイルであれ、フォロワーに対し「認知的かつ心理的影響を与える行動」と考えています。ここで、「認知的」という難しい言葉を出しましたが、「認知的な影響を与える行動」とは、リーダーシップでしばしば語られる「将来のビジョンを示す」などの行動を意味しています。しかし、「認知的な影響を与える行動」とはビジョンを示すだけではなく、メンバーが今までと異なる「ものの見方」を持つようになる行動全般を意味します。そこには「気づきを与える」行動や「本人にトライをさせて世界を広げさせる」など、サポート的な行動も含まれます。「ものの見方」に影響を与える行動には様々な方法があるということです。

また、「心理的な影響を与える行動」も同様で、典型的なリーダーシップの行動は「メンバーを鼓舞しゴールに向かわせる」ような行動が頭に浮かぶと思います。しかし、これも心理的に影響を与える行動の一つのタイプに過ぎず、メンバーの心に働きかけ、人を動かす、動いてもらう方法は多くの方法があります。**それではこのような多くの方法の中から、どのようなリーダーシップを発揮すればいいのでしょうか？　その答えは、リーダーとメンバーの関係性の中にあります。**

リーダーシップとは、ある一つのタイプでなく、メンバーの状態によって柔軟に変わるものなのです。メンバーが自立的で仕事への意欲が高い状態でのリーダーシップと、メンバーがまだ力不足でモチベーションも低い状態でのリーダーシップが異なるのは、ある意味当たり前です。つまり、メンバーの状態をよく把握しながら自らの行動を柔軟に変えてゆくことが、リーダーシップの発揮には求められているのです。

そのためには、**メンバーの状態を知ることに加え、自分自身のリーダーシップのスタイルや行動のパターンを知ることが非常に大切**です。人間には、今までの経験や性格によってつくられた「自分のスタイル」というものがあります。**リーダーシップ開発の第一歩は、「自分を知る」ことから始まる**と考えます。

2. 「自分を知る」

自分の行動スタイルやリーダーシップスタイルがどのようなものであるのかを知ることは、リーダーシップ開発にとって非常に重要なことです。多くのリーダーにお会いして分析し分かったことは、

・個人が発揮しているリーダーシップや行動は、その人の価値観や特徴的なコンピテンシーと関係をしている

・キャリアを形成する中で、その人に大きな影響を与えた上司やリーダーのスタイルから学んでいることが多い

・失敗や研修などで、良い気づきを得た場合には、それをきっかけにしてスタイルを変えるケースがある

という点です。更に重要なのは、**多くの方が自分のとっているリーダーシップのスタイルに関し、無自覚であるという点です。**つまり、無意識的に自身の得意とするリーダーシップ行動をとってい

るということです。この自身の行動に対して無自覚、無意識という点はアセスメントや360度評価のフィードバックをして初めて「ああ、そういえば、自分はそういうタイプだ」と気づく場合が多いということです。

そのような意味で、自身がどのようなリーダーシップ行動をとり、それらの行動がどのような価値観や経験に基づいているのかを振り返ることは、リーダーシップを開発する上で大変有効です。

3. 360度評価の限界

リーダーが自身の振り返りを行う上で、しばしばとられる方法に「360度調査」があります。360度調査の本質は、前述したように、リーダー自身が自覚をしていないスタイルや行動を周囲にいる人が気づかせてあげるという点にあります。そのような意味で、気づきのきっかけとして役立つものとして、弊社のコンサルティングにおいてもしばしば活用しています。

しかし、**この360度評価には明らかな限界があります。その限界とは、評価される人の「表面に現れる行動しか評価されない」**という点です。つまり、評価される人が何を考えてそのような行動をとったのか、またとらなかったのかという表面に出ない部分については周囲は評価できないという点にあります。

360度評価の「表面に出た行動を周囲がどのように思っているか」に関しては気づきの有用な情報となりますが、その人の行動の背景にある「現状認識」や「考え」については評価ができないのです。そのような意味で、360度評価はある一つの側面の情報であり、リーダーに気づきを引き起こすには不十分と言えるでしょう。

4. 気づきを引き起こすものとは

それでは、気づきを引き起こすには何が必要なのでしょうか。気づきは、大きな失敗をした時や人から注意をされた時、また研修や人との出会いを通じ自分にはない能力や行動に出会った時に生じます。「ああ、こうするべきだったんだな」、「このようにするとうまく行くんだな」というようにです。ここで起きているのは、**自分とあるべき姿とのギャップの認識や、優れたスタイルや行動と自分の行動との比較です。このギャップを認識することが気づきであり、考え方や行動を変えるきっかけになる**と考えています。

このようなギャップの認識は、従来は上司からのフィードバックや、また優れた上司と自分を比較することにより生まれてきました。そして、それを埋めようと努力をしてきたわけです。すでに述べたように、今までのリーダーシップの開発に大きな影響を与えてきたのが上司の存在というのは、一番身近な上司がロールモデルとして機能してきたからというのがその理由です。

しかし、この**上司から学ぶというのは限界がある**のです。ある上司のリーダーシップは、自身の価値観や経験、学習から形成されており、その人特有のものとなっています。一生の間に何人の上司と会えるかを考えると、リーダーシップの幅を広げるために、上司に頼るのは明らかに無理があると言えるでしょう。

それでは、リーダーシップ開発の研修などはどうでしょう？　こちらの方法も、個々の特徴や課題に応じて個人対応ができないという点で、効果に限界があります。例えば、研修によってピンときて参考になる研修とそうでない研修があるのはそのためです。研修の中身の問題よりも、自身の抱えている問題意識に合っているかどうかが研修の効果に大きく影響を与えると考えます。やはり理想としては、個人ごとに課題を指摘して様々なリーダーシップの具体的な行動に精通したコーチやアドバイザーのような存在でしょう。

しかし、そのようなコーチやアドバイザーを雇うことは非常に費用がかかり、多くの社員にコーチやアドバイザーをつけることは現実的に不可能です。よって、一部のトップマネジメントクラスにコーチをつけるという形になっているのが現実だと思います。しかし、今後はこのような状態もテクノロジーの活用により、大きく変わってゆくと考えています。今後、気づきを引き起こすのは、上司や３６０度評価や研修だけではなくなります。

すでに述べてきたように、**コンピテンシーアセスメントがテクノロジー化されマシンアセスメントになったことにより、「自分を測り、他者と比較する」ことが容易にできる**ようになっています。また、第５章の育成の章でも述べたように、一年の間に何回も評価ができて、気づきを得られるのです。テクノロジーの活用により、気づきの機会は非常に増えたと言えます。

マシンアセスメントにより、自分自身がどのようなコンピテンシーを発揮しているのかが分かります。更に、他のリーダーの人たちがどのようなコンピテンシーを発揮しているのか、他の人と比べて自分はどのようなギャップがあるのか、他の人の行動から参考になる部分はないかなども把握できます。

このように、他のリーダーの考え方や行動の仕方が共有でき、お互いに学び合うことができるようになること、そして第5章でも述べたように、自らの開発の度合いをモニタリングできるようになった点が、テクノロジーの活用によりリーダーシップ開発が大きく変わりつつある点と言えるでしょう。

5. マシンアセスメントで、リーダーに必要なパースペクティブを診断する

リーダーシップを発揮する上で、メンバーの認知に働きかけ「ものの見方」を変えると述べましたが、そのためにはリーダー自身も幅広くかつ高い視野を持ち行動をしている必要があります。私がコンサルティングを通じてお会いした日本でも有数のリーダーは、「自分は『月から地球を見る』つもりで事業を見ている。そうすると、世界での競合の動きや今後世界の中で伸びてきそうな地域がわかる」とおっしゃっていました。つまり、この方はご自身の事業を地球レベルの視野で見ているということになります。

この視野の高さや広さは、コンピテンシーのレベルを判断する上でも重要です。どのような視野を持っているかが、その人のとる行動の範囲を決定づけるからです。この方の例で言うと、地球レベルの視野を持っている人は、その行動も地球レベルになってゆきます。日本という視野しか持っていない人は、その行動も日本という中にとどまるでしょう。

このように、その人の視野の広さはその人のとる行動に大きく影響を与えるのです。人は自分の見えている範囲で行動するのです。そして、リーダーシップを発揮し、メンバーの「ものの見方」に影響を与えるには、リーダー自身が視野を高くかつ広く持っていることが必要でしょう。

それでは、各リーダーやリーダー候補がどの程度の視野を持っているかを判断するにはどうしたら良いのでしょうか？　従来は、各リーダーがどのような視野の高さや広さを持っているかをコンピテンシーインタビューの中で確認をしてきました。その人の行動の背景にある理由を確認することにより、その人の視野の高さ・広さを把握してきました。

現在、我々が開発しているマシンアセスメントには、**コンピテンシーに加え、その人の視野、パースペクティブを診断する機能が実装**されています。完成版であるコンピテンシー診断と比べると、パースペクティブ診断機能はまだβ版ではありますが、成果事例の文書中からその人がどれくらいの視野を持っているかを測っています。

この機能は、対象者が書く成果事例の中に、どのレベルでの視野の高さや広さが入っているかを文章解析により診断します（**図1**）。まだβ版ですので、人の目での確認を合わせてサービスの提供をしていますが、今後、これが完成することにより、対象者の視野をマシンで測ることができるようになると考えています。

図1 パースペクティブ(高さ×広さ×深さ)の診断

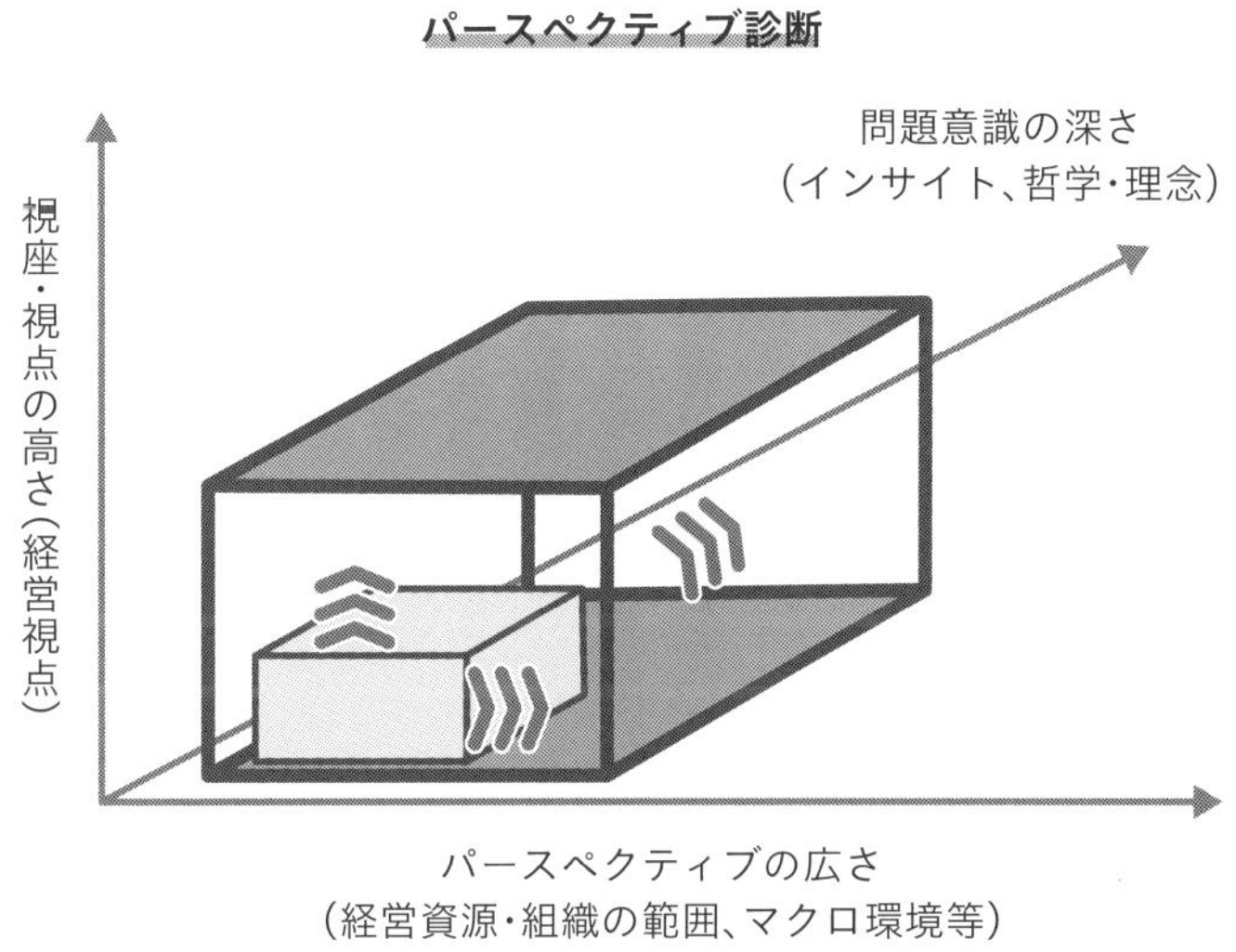

6. メンバーのコンピテンシーとモチベーション状態を可視化する

リーダーシップの発揮には、他者に対し認知的・心理的な働きかけを行うことが必要と本章の冒頭で述べました。この働きかけをするためには、部下の現在の状態を知ることも必要となります。部下の能力や意欲の状態、仕事に対する姿勢などにより、リーダーシップの効果的な発揮の仕方が異なるためです。

それでは、メンバーの能力や意欲の状態、姿勢を知るにはどのようにしたら良いでしょうか？能力については、今までお話ししてきたマシンアセスメントやコンピテンシーインタビューによりコンピテンシーの種類やそのレベルについて把握することができます。

例えば、マシンアセスメントの結果は、大きな枠組みではＰＬＡＮ－ＤＯ－ＳＥＥがどのように発揮されているかについて解析をします。我々の今までの経験から、企業ごとにＰＬＡＮ－ＤＯ－ＳＥＥサイクルにも特徴が現れることがよくあります。ある企業では、非常に行動力がありＤＯの部分の遂行行動が強く出ていました。一方で、ＰＬＡＮに関するコンピテンシーは弱いという結果でした。

このような組織を我々は「Ｄｏｅｒ型」組織と呼んでいますが、「とりあえず実行あるのみ！」

というような実践第一主義の企業に多いようです。このような組織では、リーダーも「Ｄｏｅｒ型、ガンバリズム型」が非常に多く見られます。結果として、ＰＬＡＮのコンピテンシーを発揮、つまり、「考える」役割をしているのはトップのみという状態が非常に多く見られます。一方で、ＰＬＡＮが強くＤＯが弱いという組織も見られます。このような組織は「計画好き」というような組織に見られる傾向ですが、企画や計画の立案に関するコンピテンシーが非常に多く、実行に関するコンピテンシーが少ないという特徴があります。

このように、個人のコンピテンシーもさることながら、チームメンバー全体としてのコンピテンシーの傾向を見ることで、そこに必要なリーダーシップが明らかになります。この例で言えば、Ｄｏｅｒ型の組織では、メンバーにＰＬＡＮのコンピテンシーを発揮させる、つまりメンバー自身が「考える」ことを促すようなリーダーシップが必要ですし、また企画好き、計画好きの組織やメンバーに対しては、行動することを促すような動機づけをはじめとしたリーダーシップが必要になります。このように、**どのようなリーダーシップスタイルをとるかは、メンバーの能力特徴の状態によって変わります**。

それでは、能力に加え、メンバーの意欲やモチベーションの状態を知るにはどのようにすればよいでしょうか？　そのためには、メンバーの欲求に関する調査を行うことで、意欲やモチベーションの状態を把握することが有効です。メンバーがどのような欲求を持っているのかを把握し、どのようなインセンティブを求めているのか、現在のインセンティブに対してやる気が高まっているのかなどを把握することでリーダーがどのように振る舞うと効果的かが分かります。

例えば、メンバーが会社から与えられた目標が高すぎて達成が難しいと感じ、不安を抱えている場合では、その不安を理解し、達成に向けて支援するリーダーシップが必要でしょう。また、メンバーが自立的に仕事を楽しんでいる状態ではメンバーに任せつつ、方向がバラバラにならないように見守り調整する行動が適しており、これもリーダーシップです。

このように、メンバーや組織のモチベーションの状態がどうなっているかを把握することも、効果的なリーダーシップを発揮するためには必要なのです。以上のようなメンバーのコンピテンシーの状態やモチベーションの状態もテクノロジーの活用により、容易に把握することができるようになっています。

7. 他者のリーダーシップ行動から学ぶ

これまで述べてきたように、リーダーシップはメンバーの状況や環境に合わせ、自らの行動を柔軟に発揮する必要があります。よって、リーダーシップが高い人とはリーダーシップ行動の引き出しを多く持ち、メンバーや環境の状況を敏感に察知し、柔軟に使い分けることができる人のことを指します。それでは、リーダーシップ行動の引き出しを増やすためにはどうしたらよいのでしょうか？

マシンアセスメントの登場により、同じ会社内のリーダーから学ぶことができるようになると述べました。リーダーシップ行動の引き出しを増やす近道は、意外と皆さんの身近にあるのです。

我々がアセスメントを行っていると、同じ会社の中でも「この人は、あの人のこういう行動を学んだほうがいいな」と感じることがままあります。また、マシンアセスメントで扱う行動データを見て「これは参考になる。もっと他の人の行動を見せてくれ」とすでにリーダーの立場にある人にお願いされることもよくあります。

これらの例が示すように、同じ会社の中でも参考になる優れた行動をとっている人がいれば、お互いに「こういう時はこのようにしたらうまくいった、うまくいかなかった」ということを学び合うことができます。

特に、マシンアセスメントで行動データを抽出できるようになったために、あるコンピテンシーを伸ばしたい時に、そのコンピテンシーを持っている人を簡単に探し出すことができて、その人の行動を取り出すこともできます。

このように、従来は誰がどのようなコンピテンシーを持っているかが分からず、その人だけの暗黙知になっていたのが、デジタル化することによって形式知化され、お互いに学び合うことが可能な状態になっているのです。

8. リーダーシップライブラリー

様々なリーダーの行動事例がデジタル化されてくると、デジタル情報の特徴でもある蓄積・保存・再利用・編集が可能になります。今まで、リーダーシップ行動は属人的であり大半が暗黙知であったため、様々なリーダーの考え方や行動はその人が会社を離れるとともに消えてしまいました。それに対し、今後は行動データがデジタル化されることにより、企業の中に優れた行動データによってその人が会社を離れた後も蓄積され、誰もが必要な時に参照することができるようになります。

この成功事例を会社内に蓄積して組織の中で共有するという考えは、ナレッジマネジメントの分野では昔から考えられてきた方法で、決して新しいものではありません。例えば、世界銀行が各地に散らばっているプロジェクトのノウハウを世界で共有できるように、ノウハウをビデオで撮影し、世界のどこでも見られるようにしたのは有名な例です。

コンピテンシー情報のデジタル化はこれを更に一歩進め、あるコンピテンシーに強い人の抽出や検索、その人の行動事例の共有などがテクノロジーの活用でより一層便利にできるようになったイメージです。このように行動事例のデジタル化は、様々なリーダーの優れた行動を組織の中で共有し、育ちのヒントになるという点で、リーダーシップ開発を大きく変えるものと思われます。

第10章

デジタル化による人事業務革新「働き方改革編」

1. もう戻れない

いきなりですが、歴史には決定的な転換点というものがあり、その転換点を超えると逆方向への転換が非常に難しくなる事象というものがあります。「働き方改革」もおそらく大きな歴史観で見た時に、そのような変化の一つではないかと思われます。長時間労働礼賛、仕事以外のライフを犠牲にした会社への滅私奉公、階層的・差別的な処遇や待遇を是《ぜ》とする方向には戻らないでしょう。

特に日本においては、労働人口が減少し続けているという構造的な現象があります。働く人が減り続け、同じアウトプットを求められている状況では、何らかの手を打たないとジリ貧になってしまう危機感は大きいと言えます。

具体的な働き方改革として、政府は三つの柱「長時間労働の是正」「正規・非正規の不合理な処遇差の解消」「多様な働き方の実現」を掲げ、七つの具体的な取組みをあげています。

1：非正規雇用の待遇差改善

2：長時間労働の是正

3：柔軟な働き方ができる環境づくり

4：ダイバーシティの推進
5：賃金引上げと労働生産性向上
6：再就職支援と人材育成
7：ハラスメント防止対策

今後、具体的な法令や施策がどう展開していくかはわかりませんが（そしてその政策は思わぬ失敗を引き起こすことも勿論あり得ますが）、もっと長時間労働を減らして、生産的に働く、ライフステージに合わせた多様な働き方を実現するといった文脈を否定するような逆方向の振り戻しは来ないのではないかと考えられます。本章では、特に働き方改革の中でも生産性向上に焦点をあてて考えてみたいと思います。

2. 自動化・ＩＴ化による生産性向上の注意点（疎外と自動化の問題）

生産性向上というと、ＩＴツールやＲＰＡ［Robotic Process Automation ＝ホワイトカラーのデスクワーク（主に定型作業）を、パソコン内のソフトウェア型ロボットが代行・自動化すること］導入などといったものが代表的な取り組みとしてあげられますが、人事部として気をつけなければいけない点があります。それは、下手な自動化・ＩＴ化は人間の意欲・能力を落とすことがあるということです。

例えば、これまでお客様から提出された書類をチェック・審査する業務がありました。特に繁忙期に書類提出が集中する種類の業務であり、まさに生産性向上のテーマにピッタリです。５名の社員が専属で担当していましたが、ＲＰＡをはじめとしたＩＴツールを導入することで、なんと２名で業務を遂行することができるようになり、残業時間は大幅に減り、ほぼ定時に帰宅することができるようになりました。３名は他部門に異動となり、経営者・人事部的には人材の有効活用、コスト削減と良いことばかりです。

しかし、ここに落とし穴がありました。導入から1年が経ち、残った２名の社員が二人とも退職したいと言ってきたのです。また、営業部門からも「審査部門との連携が最近はうまくいっていない」という声も上がってきました。いったい何が起こったのでしょう。実は、「仕事がつまらなくなった」のです。これまでは長時間労働をしていたとは言え、実際に自分の目で審査を行い、その情報を営業部門にフィードバックしていました。難しい仕事を通して大量の経験値を得ることで、この部門出身者は他部門に異動しても所謂〝できる人材〟として評価されていたのです。それが自動化によって、業務は効率的になったのですが、人が行うのは念のためのチェック・確認といった仕事ばかりで機械の奴隷になったような状態で、やりがいも同時に失われてしまったのです。

贅沢《ぜいたく》を言うなという話かもしれません。しかし、これは過去にも事例があります。工場が急激に機械化される中で、アメリカの社会学者ハリー・ブレイバーマンは、「機械が洗練されればされるほど労働者の技能は衰えていく」と主張し、警鐘を鳴らしました。その中心概念は〝疎外〟であり、熟練労働者の技能解体による労働者の〝疎外感〟の拡大でした。

これに対し、同じくアメリカの社会学者ロバート・ブラウナーは、「自動化が進めば、仕事のプロセスに対する労働者の裁量は増える」と唱えました。ブラウナーは、疎外感を仕事への裁量、社会的孤立、自己疎外感、仕事の意義の四つの基準で評価し、自動化が進んだ職場を調査しました。わかったことは、自動化そのものが悪い訳ではないということでした。自動化とともに疎外感を減少させるような取り組み、技術の使われ方への裁量、自律的な仕事の再デザイン、経営と労働者との関係性をうまく発展させた組織は、自動化技術の導入と働く人々の意欲・能力向上の両立をはかることができていました。一方で、自動化・効率化のみを中心に据え、人間的な側面を軽視した職場では疎外感が拡大し、労働者の意欲・能力がともに落ちてしまっていたのです。ブラウナーは、しかるべき組織的条件の下では、自動化は仕事のプロセスに対する労働者の裁量が増すと同時に疎外感を減少させると結論づけました。

この**古くて新しい疎外と自動化（技術）の問題については、企業の人事部は十分に理解しておく必要がある**でしょう。よって、自動化・機械化した業務と人間が協働するように「働き方改革」を進めるならば、業務を再設計して、効率化して余った時間を「面白いこと」「付加価値の高いこと」に振り分けて働く人の意欲を喚起しつつ、能力向上の機会にすることを考える必要があるのです。

この部門では、人員を再度2名から3名に増やし、多少の余裕がある業務設計としました。その上で、空いた時間を使って機械の処理結果を確認しつつ、より営業部門への企画業務など、付加価値の高いミッションを行うことを新たな役割として与えることにしました。3名からは、現在は機械が自動処理しているロジックをブラックボックスにしてしまわないために、定期的に昔の業務のやり方を他部門の若手研修の一環として取り入れることも提案されました。これにより、各人のワークライフバランス、意欲、能力向上の機会、他部門との連携、業務の効率と効果のバランスが取れた働き方改革となりました。

効率化し生産性を向上させること自体は正しいことであり、是非積極的に進めるべきことなのです。しかし、それによって失われるものを事前に想定してデザインすることが人事部に求められるでしょう。これはＩＴ部門や外部のコンサルティング会社やベンダー（製造元・販売供給元）にはできないことであり、今後の人事部の重要なミッションの一つとも言えます。

3.「残業体質」「長時間労働体質」「非生産性体質」のデジタル情報化

各社の生産性向上、長時間労働是正の取り組みを見ていると、長時間労働という結果に直接アプローチするケースが多く、本質的な解決になっていないケースが散見します。社員からは、「残業禁止令や残業制約があり、残業できないのに同じアウトプットを求められるのは無理難題以外の何ものでもない」

「結局家で隠れ残業しているので、給料が減っただけ」

「経営者や人事は、長時間労働が減ったと言って嬉しそうにしているけど、顧客へのサービス品質が落ちた。会社業績が落ちて赤字になれば、結局賞与も減ってしまう」

「非管理職に残業させるなと言われ、結局管理職に負荷が集中している。管理職が疲弊しており誰も管理職になりたがらなくなった」

「生産性向上の一環で、一回の会議が一律30分となった。全く議論ができない」

「生産性向上のボトルネックは現場ではなく、経営陣や部長の決めない丸投げマネジメントスタイルなのに、そちらが全く改善していない」

といった声がしばしば聞こえます。

当たり前の話なのですが、**長時間労働という結果に直接アプローチしても問題は解決せず、長時間労働を生んでいる原因・メカニズムに直接アプローチしないとこの課題は解決しない**のです。すなわち、長時間労働を生んでいる**職場の体質の可視化**が必要なのです。

長時間労働や生産性向上の問題は、会社全体で一つの仕組み・ツール・制度を導入したからといってすぐに解決できる問題ではありません。勿論、共通の課題はありますが、長時間労働という結果は同じでも、その**原因は職場によって異なる極めて個別性の高い問題である**と言えます。

例えば、顧客からの注文に対して単なる人員不足で業務過多になっている職場もあれば、与えられている業務の難易度に比べて人員のスキルレベルが不足していることが長時間労働を引き起こしていることもあるでしょう。また、マネージャーのマネジメント・スタイルが「全てを網羅しないと気がすまないタイプ」が部下の長時間労働を招いている可能性もあります。

各職場のマネージャーのスタイルや職場の状態をデジタル化して、長時間労働や生産性向上を阻害している要因を見つけ出さない限りは、いかに表面的な結果である時間に手を打っても本質的な解決は難しいと言えます。

それでは、このこれまでデジタル化されてこなかった長時間労働削減、生産性向上のためのボトルネックである職場ごとの体質をどのように可視化していくかを見ていきましょう。

4. 「働き方改革」時代の360度調査：Work Style Reform 360

通常360度調査と言えば、リーダーシップやコンピテンシーに焦点をあてて行われるものですが、職場の生産性や長時間労働の是正に取り組むには、もう少し立体的な観点で問題を可視化する必要があります。大きく四つの観点がありますが、職場ごとの個別の課題を見つけるには、1～3の三つが重要になります。

1：業務の状態（質と量）
2：部下の状態（マインド、スキル）
3：上司のマネジメント・スタイル（マインド、スキル）
4：組織の風土・仕組み

これら1～3は有機的に絡み合い、長時間労働体質を招いているのです。以下、いくつかのケースを見てみましょう。

事例1：丸投げ職場（図1）

図1のレポートを見てください。このレポートは職場の長時間労働体質のメカニズムを可視化していますが、基本的に「数値が高い＝悪い＝長時間労働の原因となっている可能性が高い」と考えてご覧ください。

このケースでは、まず業務の特性（部下が自分の業務をどう考えているか）について、その質的側面に特徴があります。部下は仕事量をそれほど多くないと感じているようですが、非定型的で難易度が高い仕事であるとも感じています。このような仕事の特性認識の下、部下自身は自分の仕事に対するマインド・スキルにおいて「抱え込み傾向」があり、「業務習熟度不足」を感じています。更に上司のマネジメント・スタイルに対して、部下は「丸投げ傾向」が強いと感じています。この上司の丸投げ傾向に対して、部下は非常に高いストレスレベルを同時に感じていました。

要は、複雑な業務に対して部下のスキルは追いついておらず、上司の丸投げ傾向が強いならば、この職場の長時間労働体質は非常に高く、生産性も悪いと言えます。このようなマネージャー（上司）のマネジメント・スタイルは、「働き方改革」以前の〝時間は無限にある〟という前提でのマネジメントです。時間が無限にあれば、仕事を丸投げして成長を促す……ということは、〝あなたのためだから……〟という大義名分をもって、そして〝自分もそうやって育ってきた〟という正当性の下、当たり前のように遂行されています。このような職場は大変多いと思われます。しかし、

図1　丸投げ職場

チェンジ　**Work Style Reform 360 Report**　働き方診断調査レポート

丸投げ職場（難しい仕事を部下は抱え込み、上司は丸投げ）

長時間労働・非生産性体質度（平均）	ストレス度
5段階の平均 点数が高い⇒好ましくない結果 点数が低い⇒好ましい結果	当該項目に対して部下がストレスを感じている度合

	結果サマリー（カテゴリー別）			1 2 3 4 5	ストレス度
業務特性に対する認識	1	業務の量	業務量	2.80	20%
	2	業務の質	非定型・属人性・個別対応度合	4.50	40%
	3		複雑性（専門性など）	4.30	50%
	4		関係性の広さ（縦と横）	3.00	20%
	5		確認・調整度合	3.00	20%
	6		チームのケイパビリティの低さ	3.00	20%
部下の自己認識	7	部下のマインド	長時間投入傾向	3.50	
	8		抱え込み傾向	4.50	
	9		独力遂行傾向	2.40	
	10		気遣い傾向	2.00	
	11	部下のスキル（点数が高いほうが、低いスキル）	ゴール設定スキル	3.00	
	12		段取りスキル	3.00	
	13		先取り・危機管理スキル	3.00	
	14		学習スキル	3.00	
	15		改善スキル	3.00	
	16		業務習熟認識	4.80	
上司のマネジメントに対する認識	17	上司のマインド	長時間投入傾向	3.50	20%
	18		過剰チャレンジ傾向	3.40	20%
	19		丸投げ傾向	4.90	90%
	20		業務時間外重視傾向	3.00	20%
	21		過剰確認・チェック傾向	3.00	20%
	22		方針変動傾向	3.00	20%
	23		共有・仕組み化促進傾向	3.00	20%
	24	上司のスキル（点数が高いほうが、低いスキル）	ゴール設定スキル	3.50	20%
	25		段取りスキル	3.00	20%
	26		先取り・危機管理スキル	3.00	20%
	27		改善スキル	2.00	20%
	28		業務習熟度認識	2.00	20%
	29		選択と集中スキル	2.00	20%
	30		権限移譲スキル	2.00	20%
	31		適材適所スキル	2.00	20%
	32		育成スキル	2.00	20%
	33		評価スキル	3.00	20%

今求められているのは、〝時間は有限である〟ということを前提にしたマネジメントなのです。

なお、このレポートをフィードバックした上司の方の第一声は、「うちの職場の仕事はそんなに難易度が高いものではない」「部下のための丸投げだったのに……」ということでした。ここに重要な気づきのヒントがあります。すなわち、上司は仕事を難しくないと思っているが、部下は仕事を難しいと思っていることを前提として、仕事の指示や役割付与を行わなければならないということなのです。この職場では、実際に上司が定期的に仕事のプロセスごとに難しいと思われる点の乗り越え方や過去の事例を紹介する取り組みを月2回行うことで、認識ギャップが徐々に埋まり、長時間労働体質もストレス度合いも改善していきました。

事例2：ブレブレ上司と「No」と言えない部下 職場（図2）

この職場は、実態としても部下の認識としても非常に業務量が多いという認識でした。人事の手元にある残業時間のデータも突出して高いレベルです。部下は、「気遣い傾向（上司や同僚など人の目を気にする）」が高く、「先取り・危機管理スキル（事前に全体の流れを予測して、先手を打つ）」にも自信がないようです。上司のマネジメント・スタイルの特徴は、「方針変動傾向（方針が随時変わる、ブレる）」と「過剰チャレンジ傾向（常に完璧を求める、過剰なチャレンジを求める）」が強く出ていました。

図2　ブレブレ上司とNoと言えない部下・職場

チェンジ　**Work Style Reform 360 Report**　働き方診断調査レポート

ブレブレ上司とNoと言えない部下 職場（部下は気を遣い、上司はコロコロ方針変えるわりに要求多い）

長時間労働・非生産性体質度（平均）	ストレス度
5段階の平均 点数が高い⇒好ましくない結果 点数が低い⇒好ましい結果	当該項目に対して部下がストレスを感じている度合

		結果サマリー（カテゴリー別）		1 2 3 4 5	ストレス度
業務特性に対する認識	1	業務の量	業務量	4.90	80%
	2	業務の質	非定型・属人性・個別対応度合	3.00	20%
	3		複雑性（専門性など）	3.00	20%
	4		関係性の広さ（縦と横）	3.00	20%
	5		確認・調整度合	3.00	20%
	6		チームのケイパビリティの低さ	3.00	20%
部下の自己認識	7	部下のマインド	長時間投入傾向	3.00	
	8		抱え込み傾向	3.00	
	9		独力遂行傾向	2.40	
	10		気遣い傾向	4.00	
	11	部下のスキル（点数が高いほうが、低いスキル）	ゴール設定スキル	3.00	
	12		段取りスキル	3.00	
	13		先取り・危機管理スキル	4.80	
	14		学習スキル	3.00	
	15		改善スキル	3.00	
	16		業務習熟認識	2.50	
上司のマネジメントに対する認識	17	上司のマインド	長時間投入傾向	3.50	20%
	18		過剰チャレンジ傾向	5.00	80%
	19		丸投げ傾向	3.00	30%
	20		業務時間外重視傾向	3.00	20%
	21		過剰確認・チェック傾向	3.00	20%
	22		方針変動傾向	4.80	90%
	23		共有・仕組み化促進傾向	3.00	20%
	24	上司のスキル（点数が高いほうが、低いスキル）	ゴール設定スキル	4.00	20%
	25		段取りスキル	3.00	20%
	26		先取り・危機管理スキル	3.00	20%
	27		改善スキル	2.00	20%
	28		業務習熟度認識	2.00	20%
	29		選択と集中スキル	2.00	20%
	30		権限移譲スキル	2.00	20%
	31		適材適所スキル	2.00	20%
	32		育成スキル	2.00	20%
	33		評価スキル	3.00	20%

この職場の問題は容易に想像がつきます。すなわち、完璧な仕事を求められる一方で方針がコロコロ変わるので徒労に終わる仕事、手戻りの多い仕事が多く、更にそのような仕事に対してNoと言えない部下が多くいるという状態です。上司と部下、更には組織構造上の業務特性の三つの不幸な合わせ技が今の状況を招いているとも言えます。

この職場では、うっすらと皆が問題を感じていましたが、この部門の更に上位者である経営陣からのオーダーの変化が激しい中、状況が変わり臨機応変に対応することが求められるので、社員も長時間労働や徒労感について半ば諦めのような状態になっていました。しかし調査の結果を見た経営陣の一人から、「スピードを重視して臨機応変に対応してほしいが、資料の体裁や完成度など完璧さは犠牲にしてもらって構わないから、この〝過剰チャレンジ傾向〟というのを改善してみてはどうだろうか」という思わぬ提案がありました。

マネージャーは、まさに自身の仕事ぶりを評価される評価軸を「スピード×完璧さ」の両方だと思っていましたが、優先順位がはっきりしました。更に、これまでは言われたことに文句を言わず愚直に作業を続ける人がこの部門にふさわしいと思って人事部は配置していましたが、そうではなく、「先読みして動ける人材」「最終ゴールを自ら確認する人材」に焦点をあてて、配置を検討しました。

その結果、新しく入った人材から経営陣の今後のスケジュールを閲覧する権限の申請がありました。事前に3ヵ月程度先までのスケジュールとイベントを押さえておき、そこから必要な資料や作業を逆算して仮説を立てて、経営陣に事前に提案するという仕事のスタイルへの転換です。これによってこの職場の生産性は劇的に改善し、更には「言われたことを速くやる部署」ではなく、「言われる前に仕掛けてくる部署」という風に仕事のスタイルや風土も変わり、社員もイキイキと活躍しはじめました。まさに、バッドサイクルがグッドサイクルにまわりはじめるきっかけとなったのです。

事例3：部門間連携できない職場（図3）

この職場は「業務量」が多く、「関係性の広さ」「確認・調整度合い」が高いという認識の職場です。部下のマインドの特徴としては、「独力遂行傾向」が出ており、若干突っ走って自ら自律的に仕事を進めるスタイルのようです。上司については、部下は「ゴール設定スキル」「権限移譲スキル」に問題を感じているようです。

さて、この職場では何が起こっていたのでしょうか。簡単に言えば、部門間連携や上司承認で失敗することが多く、業務量が過多になっていました。この会社では自律度が大変重視されており、勝手に自ら動くということが是とされていました。これはこれでこの組織の強みである風土でもあったのですが、部下同士が話をまとめても、上や他部門と連携しようとした際にひっくり返るとい

図3 部門間連携ができない職場

Work Style Reform 360 Report 働き方診断調査レポート

部門間連携ができない職場（調整過多業務で、部下は独力つっぱしり。上司もゴール設定や任せるのがうまくない）

長時間労働・非生産性体質度（平均）	ストレス度
5段階の平均 点数が高い⇒好ましくない結果 点数が低い⇒好ましい結果	当該項目に対して部下がストレスを感じている度合

	No.	結果サマリー（カテゴリー別）		1 2 3 4 5	ストレス度
業務特性に対する認識	1	業務の量	業務量	4.90	60%
	2	業務の質	非定型・属人性・個別対応度合	3.00	20%
	3		複雑性（専門性など）	3.00	20%
	4		関係性の広さ（縦と横）	4.50	50%
	5		確認・調整度合	5.00	50%
	6		チームのケイパビリティの低さ	3.00	20%
部下の自己認識	7	部下のマインド	長時間投入傾向	3.00	
	8		抱え込み傾向	3.00	
	9		独力遂行傾向	4.50	
	10		気遣い傾向	2.00	
	11	部下のスキル（点数が高いほうが、低いスキル）	ゴール設定スキル	2.50	
	12		段取りスキル	3.00	
	13		先取り・危機管理スキル	3.00	
	14		学習スキル	3.00	
	15		改善スキル	2.00	
	16		業務習熟認識	2.50	
上司のマネジメントに対する認識	17	上司のマインド	長時間投入傾向	3.50	20%
	18		過剰チャレンジ傾向	3.00	10%
	19		丸投げ傾向	3.00	30%
	20		業務時間外重視傾向	3.00	20%
	21		過剰確認・チェック傾向	3.00	20%
	22		方針変動傾向	3.00	10%
	23		共有・仕組み化促進傾向	3.00	20%
	24	上司のスキル（点数が高いほうが、低いスキル）	ゴール設定スキル	4.60	60%
	25		段取りスキル	3.00	20%
	26		先取り・危機管理スキル	3.00	20%
	27		改善スキル	2.00	20%
	28		業務習熟度認識	2.00	20%
	29		選択と集中スキル	2.00	20%
	30		権限移譲スキル	4.70	40%
	31		適材適所スキル	3.70	20%
	32		育成スキル	2.00	20%
	33		評価スキル	3.00	20%

う現象が頻発していました。そして、この「ダメ出し文化」がある種の美徳として信奉されている風土もありました。この「ダメ出し文化」の弊害で、上司やマネージャー層の「ゴール設定スキル」が低くなっていました。すなわち、自ら方針・ビジョンを示し、到達すべきゴールを部下に提示する機能が衰え、ボトムアップの提案に対する批評・評価能力のみが発達していたのでした。

上司や他部門にダメ出しされないよう、完全な資料を作成するために労働時間が過剰に膨れ上がり、それが鶴の一声で終わるという職場になっていたのです。この過酷な状況でこそ社員の能力が上がるという風土であり、実際そういった側面は否定しづらい点もありました。したがって、この職場では、これまでの自律性のあるチャレンジする風土を守りつつも、生産性・効率性を同時に高めるにはどうすれば良いかという難しい課題にチャレンジすることになりました。

一つのヒントとして提示されたのが、アジャイル（機敏かつ柔軟に対応するためのソフトウエア開発手法）的な仕事の進め方です。システム開発の世界においてウォーターフォール型開発に対するアンチ・テーゼとして提示された概念であり、近年はスタートアップベンチャーの仕事の進め方にも発展しています。

全ての概念を取り入れることはしませんでしたが、仕事の進め方として、しっかり下位者同士で１００％詰めて提案するという形ではなく、まずは「70％～80％」の完成度で提案し、コミュニケーションを密にして完成度を高めていくような仕事のスタイルへ部門・会社全体で変えていく形となりました。

最初は戸惑いもありましたが、より本質的な議論と双方向の対話が促されるようになりました。これまでは完成度を「80%→100%」に上げるための時間が、完成度を「0%→80%」に上げるための時間の3倍以上かかっていたこともありました。しかし、コミュニケーションの回数・時間が増えたにも関わらず、トータルの業務量は大きく削減されたのでした。

5. 職場体質の可視化とモニタリング

いくつか事例を見てきましたが、いずれも表面的な長時間労働削減、残業規制だけでは問題の解決になりません。またＩＴツールの導入だけでも難しいでしょう。人事部の大きな役割として、目に見えにくい職場の変化を、デジタル技術を通じて可視化すること、それにより現場や現場のマネージャーに気づきを促すことは今後より一層重要になってくるでしょう。

第11章

デジタル化による人事の変革

1. デジタル化される中で、人間はどのように価値を出すか

これまで、ＡＩを活用した人事のデジタル化により人事の各種業務、採用、育成、昇格、配置、パフォーマンスマネジメントなどの人事業務が大きく変わることを示してきました。これらの人事業務はデジタル化されることにより、本書で示したように、大きく効率化するとともに、業務の効果も大きく変わると考えます。このデジタル化の流れは第1章で示したように、全ての経営機能のＩｏＴ化のように進んでいきます。ベテラン職人の技術・技能のデジタル化、セールスパーソンの行動パターンのデータ化とそれによる最適化など、人間の行動がモニターされ、デジタル化され、解析され、パターン化されてゆく流れは止まらないでしょう。

その一方で、このような流れの中で注意しなければならないことがあります。一つは、デジタル化やＡＩには明らかに限界があるということです。その限界とは、過去のパターンへの依存です。現在のＡＩは過去のデータから学んで、それをパターン化して現在の状態を判断していきます。これはマシンアセスメントも変わりません。マシンアセスメントが評価をするコンピテンシーは、過去のハイパフォーマーがとってきた行動から出来上がっています。その意味で、全く新しい成果を生み出すハイパフォーマー行動が出てきた場合には、それに対応することは難しいと考えています。

それに対応すべく、我々は新しい行動が生み出されていないか、常に機械と人の目でのチェックを行い、新しい行動が出てきた場合は追加をする作業を怠っていません。

そのようにしていても、我々の作業を上回る新しい行動が生まれてくるのです。私たちは、これをＡＩやデジタル化の限界と考えていますが、一方で嬉しい気持ちもあります。つまり、新しい行動が出てくるということ自体が、人間が創造的な存在という証だと考えているからです。よって必要なのは、過去から学ぶとともに、新しい方法や行動を常に生み出すことを社員に働きかけてゆくことなのです。

また、現在のＡＩでは過去に出てきたパターンと似ている状況での判断業務はある程度できますが、将来志向での判断業務は困難です。特に現在のような不透明な時代に、ＡＩが皆さんの進むべき方向を示すことは難しいでしょう。第６章の「適材適所」の章でも述べたように、あるポジションの要件を現在のＡＩは過去のデータから抽出することができるようになっています。

しかし、同章で述べたように適材適所を過去のパターンからの抽出要件のみに依存するのは極めて危険です。なぜなら、過去の状況と今後の状況は大きく異なる可能性があるからです。よって、過去のデータを見つつ、そこに皆さんの「未来に対する意思、戦略的な意図」を組み込むことが必要となります。この「未来に対する意思」の組込みは、採用業務でも育成業務でも昇格業務でも必要になります。このことから分かるのは、人事の皆さんの業務が「未来志向」に大きく変わることを意味しています。

「今後、どのように環境は変化してゆくのか?」「そこで必要となる人材はどのようなコンピテンシーを持った人材なのか?」「この人材とあの人材を組み合わせるとどのような変化が生まれるのか」など、未来を見据えて構想や戦略を考える作業が全ての業務において必要になります。

その一方で、過去の検証作業は機械に任せてゆくことになるでしょう。「誰がどのように活躍したのか?」「どのような開発課題があるのか?」「人事施策の効果はあったのか?」などの施策の評価や検証業務は機械が主に行い、その結果を見て人間が更に考えるという形にシフトしてゆくと思われます。そのような意味で、よく耳にするＡＩ脅威論で人間の仕事がなくなるというのは、半分はそうなるでしょうし、残りの半分の未来志向の業務は置き換わることはないと考えています。

2. 社員への影響

人事のＡＩ化やデジタル化は、人事部門の業務に影響を与えるだけでなく、社員にも直接大きな影響を与えます。１９９０年代以降、成果主義の広まりとともに、社員に対しても「自己責任論」や「自立的なキャリア形成」が期待されてきました。それを後押しするために、各企業において「キャリアセミナー」などが実施されてきましたが、その効果は極めて限定的でした。その理由は、社員が自身の能力を伸ばす具体的な手段や方法が提供されていなかったからと考えています。社員が自身の能力を伸ばす具体的な手段を提供しないまま、キャリア開発をしろと言われてもなかなか難しいでしょう。

このような状態も、デジタル化により変わってゆく可能性があります。例えば、社員は自身のコンピテンシーを把握し、自分に合った業務やキャリアを探すことが可能になります。更に、その業務でのハイパフォーマーの具体的な行動を参照することで、学ぶこともできるようになるでしょう。自身のパフォーマンスを分析し、不足している行動に気づくこともできるようになると思います。人の行動データがデジタル化されることにより、社員もそのデータを活用することができるという新たなキャリア開発が可能になると考えています。

このような時代になると、社員の能力の開発度合いは、社員自身の成長意欲や自立的なキャリアに対する姿勢によって左右されることになります。社員自身もデジタル化の機会をいかに活用するかが問われているのです。

3. 最後に

以上、述べてきたようにＡＩ化やデジタル化は今後の技術の進展や産業の動向を見ても、避けられない状況です。

そのような中で、ＡＩ化やデジタル化を脅威と考え先延ばしにするか、これらを活用しより良い状態に持っていくと考えるか、これによって大きな差がつくのではと考えます。今後、デジタル化を身にまとった人事がどのように変わってゆくかは、この書を読んでいる皆さんが、どのような活用方法を考えるかによっていると考えています。

本書では、ＡＩ化やデジタル化で起きている変化のほんの端緒を示したに過ぎません。人事業務への応用を考えるのは皆さんが主役になると考えています。

ぜひ、この新たな世界を一緒に切り開いていきましょう！

おわりに

本書を手にとっていただき有難うございます。私は本を書店で買おうと思う時、まず「はじめに」を読み、それから目次全体を眺め、最後に「おわりに」を読んでから、その本に伏流する方向感、この本を書いた人は結局何を目指しているのかのメタ・メッセージを可能な限り読み取ろうとする癖があります。メタ・メッセージから伝わる内容に「有名になりたい」「立派な人と思われたい」といった、ある種パーソナル・アジェンダが多少入るのは仕方がないと思いますが、あまりに強すぎると、ついついその本を敬遠してしまいますし、「著者の描いている世界が面白そうだ」「知っておいたほうがよい未来の変化がありそうだ」「何か発見がありそうだ」「目指している方向感に共感できそうだ」「ギフトがありそうだ」と感じた場合は、迷うことなく購入します。

そういった観点で今原稿を読み直してみると、私がこの本で伝えたかったのは、

- 教育・成長の不均衡をなくして、人のポテンシャルを解放したい
- 機械と人間の最適分業の姿を提示したい
- ニッポンの人事の世界を進化させたい
- （そして、正直に言えば）面白いモノを作ったから使ってみてほしい

ということに集約される気がします。そのような思いに共感いただける経営・人事の方にとって、本書が少しでも参考になればと思っています。

一方で、どうしても弊社のソリューションであるマシンアセスメントの紹介が増えてしまったことも否めません。残念ながら、現在同じような機能を提供するテクノロジーを見つけることができないため、正直どうしようもなかったという点もあるのですが、このような本を出版することで、おそらく類似ソリューションが出て業界も世の中も発展していくのだろうと思いますので、ご容赦ください。

個人的な話を少し。

私は、組織人事コンサルタント（特にタレントマネジメント、人財開発、リーダー開発）としての経験が最も長いのですが、その前はキャリア・コンサルタント、その前は業務・ITコンサルタント（むしろプログラマー）でした。今振り返れば、マシンアセスメントを開発する上でのベストなキャリアを歩んでいたとも言えるのですが、まさか、数十年前にIBM（当時はPWCでしたが）のフロリダ州タンパと幕張でのプログラミング研修が時を超えて役に立つとは思いませんでした（真剣に打ち込んだことは無駄にならないものです）。そして40代で、数万行のプログラミングを行いつつ、人事コンサルティングの仕事をするという不思議なダブルワークを経験しました。面白かったのは、朝から晩まで1週間プログラミングをぶっ続けで行った後に人事コンサルティングの仕事をした際に、仕事の生産性、クリエイティビティ、パフォーマンスが非常に向上していたことでした。人間やはり同じような仕事をしていると脳の使う部分が偏ってくるのでしょう。脳の異なる部位を使ったことで、共起反応的なもので生産性が向上したような気がします。一種ゾーンのような状態に一時期なっていたのですが、そのような状態でなければマシンアセスメントの開発は正直難しかったかもしれません。ヒトラボジェイピーのチームとこのマシンアセスメントを開発する経験は、私にとって「人生で成し遂げねばならない仕事」であり、ライフワークであると途中から感じつつ開発に取り組んでいました。

この本の大半は2019年5月のゴールデンウィークの10連休の最中に、御徒町駅前のドトールで書き上げました（ドトールさん、長時間滞在して誠に申し訳ありません）。次男が将棋のプロ棋士を目指しており、遊びたい盛りであるにも関わらず、朝から晩まで一心不乱に御徒町将棋センターでゴールデンウィーク中もずっと将棋に打ち込む姿を横目に、私も頑張ろうと思って執筆にいそしむことができ、無事本を完成させることができました。

また個別にお名前を挙げることはできませんが、マシンアセスメントを勇気を持って導入してくださったお客様に感謝を申し上げます。新しく先進性もあるソリューションだけに、社内の反対意見もあったと聞いています。そのような反対意見を、我々の知らないところで説得し、粘り強く、一歩踏み出したチャレンジを形にしていく苦労は並大抵のものではなかったと思います。「導入して、人事の仕事が変わった」「未来の人事の姿が見えた」と言ってもらえ、とても嬉しく思いました。まだまだ開発アイデアがありますので、今後も期待に応えられるよう更に精進していきたいと思っています。

これまで私に様々な支援・アドバイスをくださった諸先輩方、同僚・後輩・クライアントの方々にお礼申し上げます。恩師である麻田監督はじめ皆様からの良質な刺激がなければ、このような本を出版することは到底できませんでした。

最後に、これまで学習することや研鑽することの大事さを教えてくれ、やりたいことをやりたいようにさせてくれた両親（徳之、悦子）と、いつも重要な局面で冷静なアドバイスをくれ、リスクがあってもチャレンジを理解し支えてくれる妻（純子）、毎日を精一杯生きて悩んでチャレンジすることで私に発見と勇気を与えてくれる子供たち（由宇、千紘）、物言わず身を寄せてくるかわいい四匹の猫たち（マル、ドナ、シロ、ビー）に感謝を。

ありがとう。

株式会社ヒトラボジェイピー執行役員／ソーシャル・アーキテクト　村上　朋也

参考文献

McClelland, D. C. (1973). Testing for Competence Rather Than for "Intelligence." *American Psychologist*, 28(1), 1-14

『社会学大図鑑』クリストファー・ソープほか（著）／沢田　博（訳）（三省堂）２０１８年

『Data Science from Scratch：First Principles with Python』Joel Grus（O'Reilly Media）２０１５年

厚生労働省「働き方改革」の実現に向けて
https://www.mhlw.go.jp/stf/seisakunitsuite/bunya/0000148322.html（２０１９年７月８日現在）

永田　稔（ながた・みのる）

株式会社ヒトラボジェイピー代表取締役社長
立命館大学大学院経営管理研究科教授
一橋大学社会学部卒業、カリフォルニア大学ロサンゼルス校(UCLA)にてMBAを取得。松下電器産業（現パナソニック)、マッキンゼー・アンド・カンパニーを経てウイリス・タワーズワトソンに入社。20年近く、ビジネスモデル、組織モデル、人材マネジメントモデルを一体としたコンサルティングに従事。2016年6月にウイリス・タワーズワトソンを退社し、ヒトラボジェイピー（HitoLab.jp）を立ち上げる。著書に『不機嫌な職場』共著（講談社)、『リーダーシップの名著を読む』共著（日本経済新聞出版社)、『非合理な職場』（日本経済新聞出版社）などがある。

村上 朋也（むらかみ・ともや）

株式会社ヒトラボジェイピー執行役員
ソーシャル・アーキテクト
京都大学農学部生産環境科学学科卒業。IBMビジネスコンサルティングサービス、ムービン、ウイリス・タワーズワトソン出身。リーダーシップ開発、マネージャー研修、後継者計画、人材アセスメント、エグゼクティブ・コーチング、組織変革支援、エンゲージメントサーベイ、360度調査、コーポレートガバナンス（取締役会評価、経営者指名)、人事制度設計などの領域を中心にコンサルティングサービスを提供。一企業の変革・進化のみならず、社会システムや基盤全体のバージョンアップを通じてさらなる組織・人材の開発に貢献すべく、ソーシャル・アーキテクトとしてヒトラボジェイピーに2016年10月に参画。著書に『攻めのガバナンス 経営者報酬・指名の戦略的改革』共著（東洋経済新報社）など。国際コーチ連盟認定機関CTI認定コーチ（CPCC)、パーソナリティ検査OPQ32、Wave certifiedライセンス保有。

株式会社ヒトラボジェイピー
https://hitolab.jp/

「マシンアセスメント®」及び「組織・人事コンサルティング」に関するお問い合わせ
Email：contact@hitolab.jp

装丁●西垂水敦・市川さつき（krran）
本文デザイン●中西啓一（panix）
校正●矢島規男
DTP●横内俊彦

AI活用によるデジタル人事の教科書
――これからの社員採用・育成・開発

2019年8月23日　初版発行

著　者　永田　稔・村上朋也
発行者　野村直克
発行所　総合法令出版株式会社
〒103-0001 東京都中央区日本橋小伝馬町15-18
ユニゾ小伝馬町ビル9階
電話　03-5623-5121
印刷・製本　中央精版印刷株式会社

落丁・乱丁本はお取替えいたします。

ISBN 978-4-86280-703-8
総合法令出版ホームページ　http://www.horei.com/